职业教育汽车类专业规划教材

二手车
鉴定与评估

孙剑菁 主编

清华大学出版社

北京

内 容 简 介

本书共分四个模块，分别介绍了国内、外二手车市场概述，汽车基础知识，二手车鉴定及评估和二手车网络电商的发展。重点介绍了二手车鉴定与评估的相关知识，力求客观反映出目前国内二手车市场的实际状况及运作模式。

本书集常识性、理论性和实用性于一体，可作为全国职业教育汽车类专业的教材，也可作为二手车鉴定评估专业人员、二手车经纪人员的培训教材和学习二手车知识普通读者的参考书。

图书在版编目（CIP）数据

二手车鉴定与评估/孙剑菁主编. --北京 ：清华大学出版社，2015（2021.8重印）
职业教育汽车类专业规划教材
ISBN 978-7-302-40529-0

Ⅰ. ①二… Ⅱ. ①孙… Ⅲ. ①汽车－鉴定－高等职业教育－教材 ②汽车－价格评估－高等职业教育－教材 Ⅳ. ①U472.9 ②F766

中国版本图书馆 CIP 数据核字(2015)第 166875 号

责任编辑：王剑乔
封面设计：常雪影
责任校对：袁 芳
责任印制：刘海龙

出版发行：清华大学出版社
网 址：http://www.tup.com.cn，http://www.wqbook.com
地 址：北京清华大学学研大厦 A 座 **邮 编**：100084
社 总 机：010-62770175 **邮 购**：010-62786544
投稿与读者服务：010-62776969，c-service@tup.tsinghua.edu.cn
质量反馈：010-62772015，zhiliang@tup.tsinghua.edu.cn
印 装 者：三河市君旺印务有限公司
经 销：全国新华书店
开 本：185mm×260mm **印 张**：10.75 **字 数**：237 千字
版 次：2015 年 9 月第 1 版 **印 次**：2021 年 8 月第 4 次印刷
定 价：42.00元

产品编号：065015-02

职业教育汽车类专业规划教材
专家委员会

职业教育汽车类专业规划教材
编审委员会

序

汽车业是国民经济的重要支柱产业之一。汽车工业是生产各种汽车主机及部分零配件或进行装配的工业部门。中国汽车制造业增势迅猛，2009年国内汽车销量突破1300万辆，超越美国成为全球最大的汽车市场。2014年，国内汽车年产销2200万辆。汽车是高科技的综合体，并且随着汽车工业的不断发展，新技术、新材料、新工艺、新车型不断涌现，给人们带来丰富多彩的汽车文化的同时，也给汽车从业人员和汽车专业的教学提出了新的挑战。

汽车后市场是指汽车销售以后，围绕汽车使用过程中的各种服务，涵盖了消费者买车后所需要的一切服务。商务部公布的汽车授权销售商已经突破9万个，其中24000家4S店；国内拥有600余家新车交易市场或汽车园区，拥有800余家二手车交易市场，拥有1000余家汽车配件和汽车用品市场。汽车后市场的繁荣形成了巨大的高技能人才需求。

职教领域汽车专业是随着汽车工业不断发展而衍生出来的一个专门服务于这个行业的专业系，主要包括汽车服务工程、汽车销售与评估、汽车检测与维修、汽车商务管理等学科，基本涵盖了汽车行业研发、制造、销售、售后服务等过程。目前一些职业院校人才培养还不能够适应行业发展需要，成为阻碍汽车行业发展的一个至关重要的问题。如何能够协调好行业发展与人才培养问题，需要切实解决在职业教育中汽车专业所需要面对的问题方法，从教学观念着手，切实改进教育方法，注重学生实际操作能力要求，加强学生实际工作能力，加强师资队伍建设，加强与企业的深度融合。

中锐教育集团与上海通用、上海大众、一汽奥迪、广汽本田、中国汽车流通协会以及国内众多的汽车经销商集团合作，学习并吸收国外先进的职业教育经验和人才培养模式，引入汽车主机厂的员工培训模式与方法，和清华大学出版社联合推出此系列规划教材。教材针对当前汽车产业所采用的大量新技术、汽车检测新技术和新设备的升级更新，针对汽车行业与企业对人才需求的新标准和新要求，针对学生今后就业岗位的职业岗位能力要求和职业素养要求，正满足汽车专业职业教育产教融合的需要。

随着国家提出创新驱动的战略，未来汽车行业对于技能型人才的需求还将继续扩大，同时国家正在致力推动汽车职业教育的转型升级，汽车行业职业教育面临着机遇和挑战并存的现状。希望通过双方共同的努力，逐步建立整套汽车专业设置的解决方案，完善汽车职业教育与汽车行业企业人才需求、课程内容与汽车职业标准，培养满足未来汽车行业要求的技能型人才。

写于清华园

2014年12月

自　序

职业教育培养的是技术技能型人才，为工业化转型和经济发展升级换代提供人力资源保障，发展职业教育是提升综合国力和核心竞争力的重要措施和手段，是实现中国梦的重要支撑。职业教育是现代国民教育体系的重要组成部分，在实施科教兴国和人才强国战略中具有重要的作用。党中央、国务院高度重视发展职业教育，《国家中长期教育改革和发展规划纲要(2010—2020)》和《现代职业教育体系建设规划(2014—2020)》等文件都强调要大力发展职业教育，明确未来要让职业学校的专业设置、教学标准和内容更加符合行业、企业岗位的要求。

中锐教育集团创始于1996年，是中锐控股集团旗下的主要成员，总部位于上海，是中国领先的职业教育投资商和服务商，经过多年的不懈努力，形成了涵盖基础教育、高等教育、国际教育、职业教育与企业培训的集团化教育课程体系，是目前国内教育业务范围最广、投资规模最大的教育集团之一。

2006年，中锐教育集团响应国家大力发展职业教育的号召，认真贯彻落实国家教育改革与发展纲要精髓，积极推动汽车制造和服务类专业改革与创新，力争教育教学质量和人才培养指标提升，为行业提供高素质人才。集团以汽车职业教育为龙头，创立"华汽教育"品牌，积极引进国外优质教育资源、课程体系、师资力量以及考试认证体系，整合行业资源，成功开发了符合中国国情、拥有自主知识产权的汽车职业教育课程体系。中锐教育集团把优化专业结构、创新人才培养模式、加强专业内涵建设和课程体系建设作为教育教学改革的重点核心任务，积极组织研发教材，旨在提高教育教学质量和办学水平。

近年来，中锐教育集团坚持教育改革，探索和建立完善的教学体系，围绕学生就业核心岗位的工作领域构建人才培养方案，形成公共教学平台、专业基础平台、专业模块加专业拓展平台的课程体系；针对专业所面向的行业(产业)与岗位群，以岗位通用技能与专门技能训练为基础，系统设计满足专业共性需求与专门化(或个性化)需求、校内校外相结合的实训体系；围绕专业人才培养方案，以培养职业岗位能力和提高职业素养为重点，在校企之间

搭建信息化平台，将企业资源引入教学中，建设开放式的专业教学支持系统，创建先进的数字化学习空间，实现信息化教学资源在专业内的广泛共享。

中锐教育集团不断改革与完善课程结构，自2007年以来，开发了华汽1.0版本、2.0版本和3.0版本的教材。在前三个版本基础上开发了4.0版本教材。4.0版本教材针对现代汽车上采用了大量的新技术、汽车检测新技术、新设备的升级更新，针对汽车行业与企业对人才需求的新标准与新要求，针对学生今后就业岗位的职业岗位能力要求和职业素养要求，教材建设要体现思路新、内容新、题材新。中锐教育集团积极与上海通用、上海大众、一汽奥迪、广汽本田和全国机械职业教育教学指导委员会、机械工业教育发展中心、中国汽车流通协会，以及与全国众多的汽车经销商集团合作，学习吸收国外先进的职业教育先进经验和人才培养模式与方法，引入汽车主机厂的员工培训模式与方法，将岗前培训的要求与内容引入课程中，将职业岗位能力要求嵌入课程，课程建设始终贯彻建立以服务地方经济为目标，以学生就业为导向，加强职业素质训导，强化职业道德教育，强化任务驱动、项目导向“教—学—做”一体化的教学模式。

为了适应教学改革的需要，积极发展信息化教学。4.0版教材有纸质版与电子版两种版本，纸质版教材多数采用彩色印刷，图文并茂，更符合高职学生的学习要求。中锐教育集团积极开发O2O在线教学与管理平台，将电子版教材放入“电子书包”中，同时与微课、微视频、操作技能培训视频、错误操作纠错视频、原理动画等相配套。与教学互动、在线考试相结合，充分利用信息化教学平台，激发学生的学习积极性和主观能动性，提高教学质量，提高职业岗位能力的培养。

本丛书组建了高等院校、高等职业技术学院、汽车工程学术组织、汽车技术研究机构、汽车生产企业、汽车经销商服务企业、汽车维修行业协会、汽车流通行业协会及汽车职业技能培训机构等各方人士相结合的教材编审委员会，以保证教材质量。

真诚地希望本丛书的出版能对我国的职业教育和技能培训有所裨益，热切期待广大读者提出宝贵意见和建议，使教材更臻完善。

2014年12月

前　言

随着中国汽车市场的进一步发展，新车保有量不断增加，消费者换车需求日渐彰显，二手车交易量与新车销量差距逐步缩小。二手车市场发展前景广阔，发展潜力巨大。近年来，随着互联网的发展，人们的消费方式也发生了改变，从而使传统商业模式正在发生着一次革命性的颠覆，电商O2O、体验、文化等成为新时代的商业新模式。在这样的大背景下催生了大批二手车电商平台。去中介化、市场细分化、价格合理化的交易模式逐渐赢得消费者的青睐。

作为二手车交易过程不可缺少的一个环节，二手车的鉴定与评估是实现公平交易的重要保证。我国的二手车交易市场已有相当规模，但由于二手车交易技术性较强、业务构成复杂、涉及部门较多，从整体上讲二手车交易市场的发展水平和国外相比还比较低，正处于启动期向成长期过渡的发展阶段。二手车鉴定评估主要对拟评估二手车的现时状况进行检测，了解车辆的基本信息及使用情况，掌握、判断车辆是否有过事故，知道哪些地方需要维修保养，了解二手车市场行情，掌握计算车价的方法。这就要求二手车鉴定评估人员既要了解汽车的基本构造及原理，又要掌握各种二手车的鉴定方法，同时，还必须具备一定的市场经济学知识。

本书内容主要包括二手车辆交易流程及涉及的相关单证、二手车鉴定评估流程、二手车收购交易方式等。重点对传统二手车交易模式与二手车O2O网络平台模式进行比较，并结合保险查勘模式优化二手车查勘检测流程及方法，分析传统二手车辆检测方法。全书内容翔实，讲解深入浅出、通俗易懂，具有较强的系统性、实用性、新颖性。通过有针对性地选择部分案例进行分析，来培养读者综合运用专业知识解决实际问题的能力，具有较强的指导性和实战性。

本书由二手车高级评估师孙剑菁担任主编，无锡南洋职业技术学院姜国华担任主审。由于编者水平有限，且本书涉及的内容较广，书中难免存在错漏和不妥之处，恳请各位专家和读者不吝指正和帮助，对此，我们将十分感激。

编　者

2015年6月

目　录

模块 3　二手车鉴定及评估　<<<31

模块 4　二手车网络电商的发展　<<<107

附录　《二手车鉴定评估技术规范》(GB/T 30323—2013)　<<<121

模块 3 复习与思考计算题参考答案　<<<139

作业单 <<<141

参考文献 <<<151

二手车鉴定与评估拓扑图

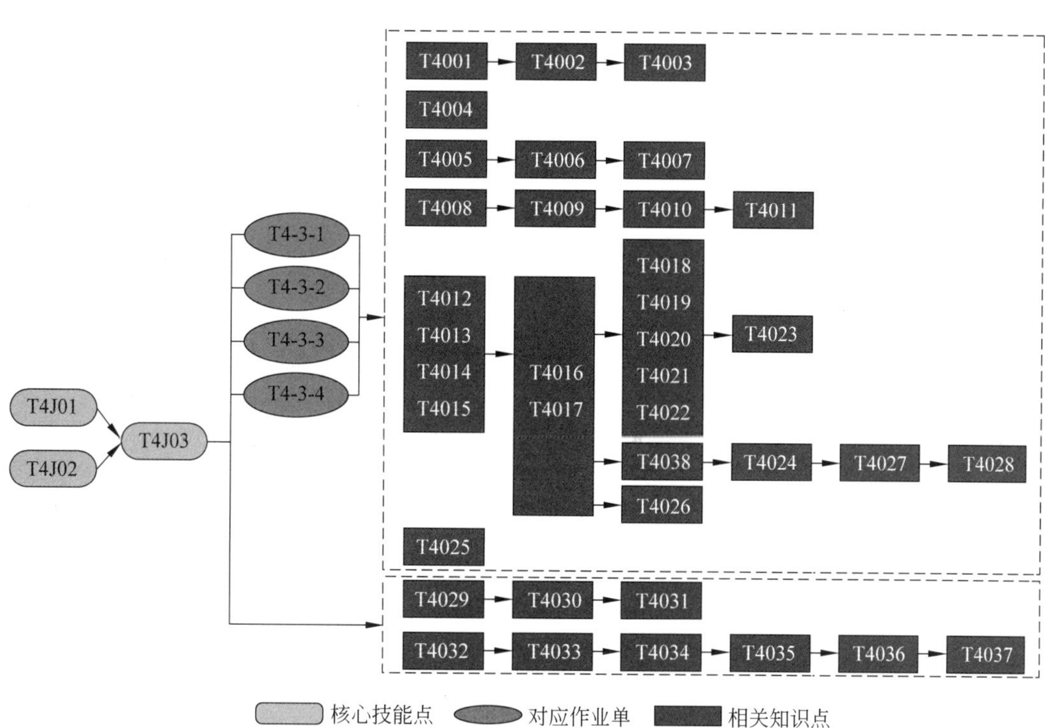

模块 1

相关知识点

T4001　目前二手车市场现状

T4002　我国二手车市场存在的问题

T4003　二手车经营模式分析

T4004　国外二手车市场介绍

模块 2

相关知识点

T4005　汽车的定义

T4006　汽车分类

T4007　汽车型号

T4008　车辆识别代码(VIN)的含义

T4009　车辆识别代码(VIN)的作用

模块3

核心技能点

相关知识点

模块4

相关知识点

对应作业单

附录

相关知识点

模块 1

国内、外二手车市场概述

◎学习目标

1. 知识目标

（1）能够描述国内二手车市场概况。

（2）能够说出我国二手车市场存在的问题。

（3）能够说出我国二手车的各类经营模式。

2. 能力目标

能够简单分析我国二手车经营模式。

◎案例导入

汽车检测与维修专业的大二学生小张了解到我国二手车市场会有很大的发展前景，想今后从事二手车评估与交易工作，但对该市场不甚了解，所以迫切想通过本课程了解我国二手车市场的现状和未来。

◎服务方案

（1）认真学习本课程。

（2）上网了解我国二手车市场的现状和今后的发展前景。

（3）走向社会开展社会调查，写出调研报告，与其他同学共享。

近年来，我国汽车市场飞速发展，销售量持续增长预示着存在一个巨大的二手车市场。我国二手车行业存在时间不长，真正发展始于2004年。短短几年时间，取得了巨大的交易成果，2008—2014年中国二手车交易量及增速如图1-1所示。根据数据显示，2000—2014年15年间，二手车市场的交易量从25.17万辆上升到605.30万辆，增长了24倍，交易金额已达到3675.65亿元，比2000年增长了近58倍。中国汽车流通协会预计，到2020年中国同期二手车交易规模将达到2920万辆。新车与二手车交易规模比例将接近1∶1，中国汽车市场将更加体现成熟市场的基本特征。

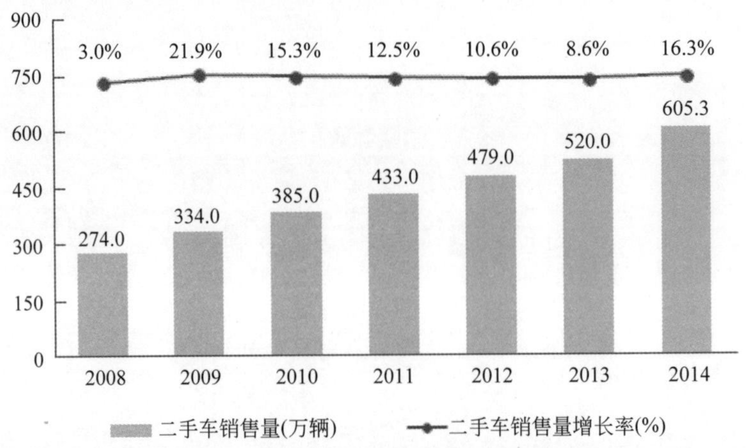

图1-1　2008—2014年中国二手车交易量及增速

二手车流通规模的快速增长，将促进循环消费，推动汽车工业健康发展，在引导生产、扩大消费、带动就业、促进经济平稳较快发展、提高人民生活水平等方面将起到重要作用。根据国外的汽车发展经验，新车在使用1～5年后会进入二手车市场，实现资源的重新配置。发达国家的汽车市场发展经验表明，成熟的汽车市场必须有规范、活跃的二手车市场作保证。在欧美等发达国家，新车和二手车交易比例约为1∶3，即在卖出一辆新车的同时有2～3辆二手车在销售。对于已经拥有汽车的人，将手中的在用车作为二手车卖掉而换购新车，就这一点来说，二手车交易是新车销售的助推器。

1.1　国内二手车市场分析

从20世纪80年代发展起来的中国二手车市场，在20世纪90年代后开始步入较快的发展轨道，到今天已经历了30多年的风雨洗礼，已经发展成为中国汽车市场的重要部分。与各国的汽车市场呈现相似的发展规律，我国的二手车市场同样显现着总体趋势向上，波动性特征明显的初期市场成长轨迹与特征，表现为在20世纪90年代的波动性徘徊和进入21世纪后的加速增长。

2009年的政府报告中首次提到了"二手车市场"的发展；在《汽车产业调整和振兴规划》中也明确提出了规范和促进二手车市场发展；与此同时，国家工商行政管理总局及相关部委相继出台政策，鼓励、规范、支持二手车市场发展，鼓励企业开展二手车经营。一系

列利好政策的发布必将促进我国二手车市场的更快发展。

1.1.1 目前二手车市场现状

2009年,我国二手车市场在高速增长的同时,市场的区域性特点越发明显。当年全国二手车交易量达到334万辆,同比增长21.97%以上,累计交易金额1488.32亿元,同比增长25.85%,同期新车销量达到838万辆,增长47.2%。

目前,我国二手车交易量每年以超过20%的速度增长,二手车交易主要集中在经济发达、汽车保有量大的上海、北京、广州等城市。近年来,中国二手车市场的交易量稳步上升,根据汽车流通协会的相关数据统计,2012年中国二手车交易479万辆,较2011年增长11%;2012年,中国二手车交易额达2590亿元,较2011年增长23%。截至2014年年底,二手车交易量已达到605.3万辆,同比增长16.3%。中国二手车市场交易额持续14年保持增长。近4年二手车交易额增长率稳定在20%左右。预计随着汽车销量的不断增长和人们消费观念的转变,中国二手车市场的规模将稳定扩大,出现"井喷"式的发展趋势。尽管发展迅速,但我国二手车现阶段还处于起步阶段,每年二手车的交易量仅是新车交易量的25%。虽然近7年二手车交易量与新车销量的比例已由1∶6上升到1∶4,但是对比国外成熟的二手车市场,二手车与新车销售比例为2∶1或3∶1,还是有一定差距,同时也可以预见,我国的二手车市场发展潜力是巨大的。而制约二手车发展的主要原因是人们的消费观念、市场需求结构以及二手车市场的普及规模和经营规范。

从二手车市场交易规模角度讲,中国的二手车市场可谓不负众望,保持上升态势,成为二手车市场的基本运行特征。中国汽车流通协会通过对过去10年中国二手车市场年度增长变化的定量分析,认为未来二手车市场将保持在平均20%以上的较高水平。

传统二手车销售模式存在诸多问题,市场较为分散。如今,随着互联网的蓬勃发展,逐渐改变了人们的生活方式,二手车交易正在由传统模式向电商模式转变。二手车电商在一定程度上改善了传统二手车销售的信息不透明、诚信度低、漫天要价等弊端,转变为以客户为中心的营销方式,促进了二手车流通。2014年下半年,二手车电商交易规模达72.9亿元,其中12月达到了13.8亿元,较11月增长6.2%。

目前中国二手车电商处于发展初期,多种模式共存,其中竞拍模式为当前二手车电商交易的主要模式。在竞拍模式中,优信拍、车易拍、开新帮卖三家占据了绝大多数份额。2014年下半年,二手车竞拍规模达到464383辆,较上半年增长132%。其中优信拍占35.9%,车易拍和开新帮卖则分别占21.5%和4.8%。

1.1.2 我国二手车市场存在的问题

目前,我国汽车市场还处于成长期,二手车资源有限。同时新车市场价格不断下滑,二手车价值体系不稳定,不利于二手车市场的发展。另外,由于二手车市场发展时间较短,相关政策、税制、标准不完善也在很大程度上制约了二手车市场的发展,这主要表现在以下五个方面。

(1) 准入门槛低。"一管就死,一放就乱"是二手车市场监控中难以解决的问题。发

达国家二手车市场发展已经非常成熟，不需要对行业设定门槛，完全依靠市场调节。我国在体制上还不完善、二手车市场还不成熟的条件下，过早放开二手车经营的准入限制，会导致二手车经营企业数量迅速膨胀，经营秩序混乱，欺瞒和不规范经营问题严重。

(2) 税收政策不配套。现行增值税政策规定：二手车经销为销售额的2%，拍卖为成交额的4%，二手车交易市场由于不直接参与经营，不需要缴纳增值税。在新车价格不稳定及相关政策不完善的情况下，目前的增值税政策给二手车经营企业和拍卖企业带来极大的经营风险，也加重了二手车的成本，不利于市场发展。

(3) 缺少二手车鉴定评估的科学标准。二手车鉴定评估是二手车交易的核心环节。目前，由于没有一套完整、严谨、科学的二手车鉴定评估标准，出现评估随意性大、手段不科学、评估结果偏离车辆实际价值等问题。

(4) 厂家授权经销商，二手车业务发展缓慢。厂家认证二手车虽可以提供质量担保及售后服务，但仍然发展缓慢。原因如下：①现阶段新车需求仍以新增需求为主，置换比例低；②整修后的二手车价格没有优势；③开发时间短，缺乏经验和人才，为规避风险，很多经销商与经纪公司合作；④消费者选择余地小；⑤增值税税赋过重。

(5) 交易市场收费不合理。根据规定，进行二手车直接交易和通过二手车经纪机构进行交易的，应当在二手车交易市场内进行交易，并由二手车交易市场经营者向买方开具税务机关监制的统一发票。二手车交易市场收取的服务费性质为中介服务收费，各地收费标准存在很大差异，收费标准过高，标准不统一，在很大程度上增加了购车者的负担，制约了二手车的发展。

国家质检总局以及国家标准委已正式发布了《二手车鉴定评估技术规范》(GB 30323—2013)，并于2014年6月1日开始正式实施，标志着二手车行业规范标准正式出台。这将解决长期制约二手车行业发展因消费者对二手车车况和价格不了解，从而让部分“车虫”低买高卖，牟取暴利的局面，意味着国内混乱的二手车市场将开始标准化、品牌化运作，二手车市场也将迎来一个健康发展的新阶段。

1.1.3 二手车经营模式分析

随着我国二手车行业的发展，二手车的经营模式也在不断更新。多年前，很多公司的经营模式大都是低价收车，高价卖车，吃中间差价。自从寄卖营销模式出现后，就打破了价格战的传统模式。还有的公司主要盈利模式是网上发布二手车信息，邀请买卖双方到实体店见面看车谈价，撮合交易后网商只收取服务费。

1. 二手车品牌化经营模式

引进各式汽车品牌专卖店，为保护商家及消费者的利益不受侵害，市场严格限定每一种品牌车型只能有一家经销商驻场经营，同时市场内还严格禁止不同品牌商家之间串换经营的行为。

(1) 成立经营实体：引进了经过培训和资格认证的二手车经纪人，并成立“旧机动车经纪公司”，这种模式有效扼制了非法交易、无照经营、强买强卖的现象，规范了二手车交易行为，为消费者提供了可靠、良好的购车环境，消费者的合法权益得到了最大限度的

保障。

(2) 经营多元化模式：二手车市场在完善市场服务功能的道路上谋求多元化发展，在实现车辆工商验证、过户、保险等基本服务功能的基础上，继续引入了二手车信贷、保险业务、二手车置换业务、二手车竞价拍卖业务及一系列方便买卖双方交易的新举措，其中以二手车竞价拍卖业务最受买卖双方欢迎。

(3) 市场经营批发二手车业务模式：借助交易市场本身的人力、资金、信息优势，批量采购各地二手车，利用区域性价差，向市场内经纪户、经纪公司批发，或直接销售。

(4) 发展相关配套业务：二手车翻新必定有各种各样的问题，维修、保养、美容、装饰、配件销售等业务是顺理成章的，其收益也是显而易见的。

2. 独立二手车经销商

二手车经销公司的业务模式包括二手车收购、整备、展示销售、转移登记。独立二手车经销商主要存在于二手车交易市场之外，有独立的经营场所，其特点为多品牌化、规模化、规范化。独立二手车经销商以专业性更强、诚信度更高、可靠性更佳、服务更好的新业务模式，来满足二手车消费市场的需求，填补现有二手车市场存在的信用缺失空白。

3. 二手车拍卖与交易服务平台

二手车拍卖与具有拍卖特征的交易服务平台业务指二手车以公开竞价的形式转让给最高应价者的经营活动。二手车拍卖公司和交易服务平台的业务主要来自集团客户、经纪公司、经销公司和个人车主的委托，通过拍卖的方式，实现 B2B、B2C 和 C2C 交易。二手车拍卖分为二手车实地竞拍和二手车网络竞价。

4. 连锁经营成为二手车交易新趋向

连锁经营是指在流通领域中，若干同业商店以统一的店名、统一的标志、统一的经营方式、统一的管理手段连接起来，共同进货、分散销售、共享规模效益的一种现代组织形式和经营方式。表 1-1 为目前二手车市场相关经营模式的对比情况。

表 1-1 目前二手车市场相关经营模式的对比情况

序号	经营模式	优 势	劣 势
1	商铺模式经营企业	影响力、灵活性、成本低、专业性	口碑差、形象差、规模小、复制难、竞争大、空间小、压力大
2	展厅模式经营企业	形象好、规模大、实力强、流程化、综合化	投资大、风险大、成本高、收车难、管理难、复制差、竞争大
3	寄售模式经营企业	形象好、便捷性、灵活性、整修性	车源少、顾虑多、不透明、成本高、复制差
4	拍卖模式经营企业	效率高、流程化、技术化、整合化	管理难、操作难、投入大、盈利点少、磨合久
5	网络媒体经营企业	资源多、平台强、辐射广	缺人才、少线下、没经验、成本高

在一个成熟的汽车市场中，整车销售利润只占整个汽车行业利润的 20%，而其余约 80%的利润来自于汽车后市场。我国二手车流通的主要模式如图 1-2 所示。绝大多数二手车通过二手车交易市场及经纪公司进行交易，这是由目前政策因素造成的，从长远来

看，品牌经销商及品牌二手车是未来中国二手车市场发展的主要模式。

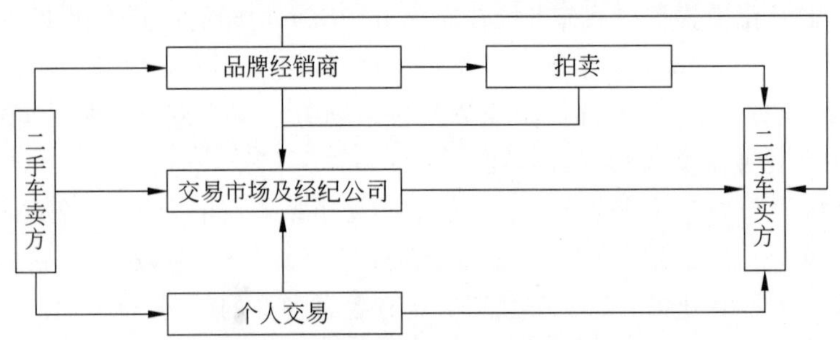

图 1-2　我国二手车流通的主要模式

品牌二手车是指建立在一定规模保有量基础上的汽车生产厂家，为了提高其汽车的保值率、巩固用户的忠诚度和提高用户量，进一步完善汽车售后服务领域所开展的二手车业务。国内品牌二手车经营模式如表 1-2 所示。

表 1-2　国内品牌二手车经营模式

经营模式	品牌名称	业务范围及特点
合资公司/大卖场	上汽/通用：诚新二手车	直接从事二手车业务的经营实体，整车厂家和经销商相辅相成，以实现品牌化、标准化、规模化运营；二手车收购、整备、翻新、认证、销售、拍卖、售后服务等全业务链环节
合资公司/授权经销商	北汽/现代：首选	国内首家二手车合资公司；大批量收购、整备、翻新、过户、转籍、销售、租赁资质的专业化二手车经营公司
经纪公司	上汽：安吉二手车	业务范围涉及汽车收销、经纪、置换、拍卖、评估等
授权经销商	梅赛德斯奔驰：星睿	成立于 2009 年 11 月 12 日；多品牌置换业务，认证二手车零售业务以及售后服务在内的"一站式"购置服务
	保时捷：认可易手车	成立于 2010 年 3 月；多品牌置换业务，认证二手车零售业务以及售后服务在内的"一站式"购置服务
	华晨宝马：尊选二手车	成立于 2006 年 1 月 23 日；BMW 尊选二手车是宝马集团于 2003 年在全球豪华品牌中，首先推出的全球统一的二手车认证项目。该项目通过对 BMW 品牌二手车的车辆标准、客户利益及经营模式的系统规划和严格要求，向客户提供高品质的 BMW 尊选二手车。目前，全球已有近 40 个国家和地区启动了统一的 BMW 尊选二手车项目
	一汽奥迪：品荐二手车	成立于 2009 年 11 月 17 日；AAA 二手车品牌的提升；二手车置换、零售、认证
	东风雪铁龙：龙信	成立于 2008 年 9 月 19 日；多品牌置换、一站式服务
	广汽本田：喜悦二手车	成立于 2007 年 4 月 20 日；购进广本及本田二手车，通过专业翻新，提供健全的售后服务、纯正的零部件，让顾客在从新车购买，到使用、维护、保养，到旧车置换、再购买等的每一个用车环节都能切身体验和感受到信心、省心和悦心
	上海通用：别克诚新	成立于 2002 年 9 月 23 日；国内首个二手车品牌；别克品牌二手车置换（以旧换新）、认证和销售
	上海大众：特选二手车	成立于 2004 年 8 月 30 日；收购、置换、认证和销售等

多年来，由于我国二手车市场规则混乱，相关行业法规迟迟未出，不少消费者对二手车缺乏信心。也正是这种状况，使得不少汽车厂家依靠企业本身的品牌实力，推出了很多品牌二手车业务。目前，几乎每个品牌都推出了品牌二手车业务，经过认证的二手车不仅有严格的质量检测、原厂维修，而且具有和新车一样的、由品牌提供的售后服务。这些服务减少了二手车的信息不对称风险，消费者能买到放心、质量有保证的二手车。从中可以看出，品牌二手车将是未来中国二手车发展的主流模式。为了支持这一模式的发展，更加需要科学合理、透明规范的二手车评估定价方法。

通过对比国内、外二手车发展，随着新车销量的不断增长以及汽车保有量的增长，我国二手车市场潜力巨大，二手车市场是中国汽车行业发展的重要部分。品牌二手车的发展对于推动二手车行业的发展具有深刻的意义，也是未来中国二手车交易的主要渠道之一，而二手车市场价值评估方法的不确定阻碍着品牌二手车的发展壮大。在深入研究国外二手车的发展现状以及目前中国二手车的经营模式后，可以得出，二手车的市场价值评估是二手车市场发展的基础，没有科学合理的价格评估体系就没有二手车市场的规范与进步。

1.2 国外二手车市场介绍

国外二手车的交易量普遍大于新车的销售量，美国、法国、德国等国家的年二手车交易量都达到各自年新车销售量的3倍多。国外二手车交易异常活跃的原因，·方面是因为汽车保有量基数较大，二手车的需求旺盛；同时也缘于消费者对二手车的充分信任。相比国内的二手车市场，国外的二手车市场已经进入成熟阶段。综观美、英、德、日等发达国家的二手车市场，国家法规的政策导向和新、旧车市场的协调发展，是促进这些国家二手车市场繁荣的关键原因。综合来看，发达国家二手车市场的现状有以下特点。

1. 交易量大，已形成规模效应

发达国家二手车交易量均远远超过新车的交易量，一般均比新车高出一倍以上。正因为有如此庞大的二手车市场，发达国家才能保持一个相对稳定、规模巨大的新车销售市场。有关资料表明，在西方成熟的汽车市场中，汽车报废周期平均为8～12年，而汽车更新周期平均不到4年，可见二手车市场有相当的空间可供回旋，其中的作用是显而易见的。

2. 价格较低，平衡市场供求量

在发达国家已成为“汽车社会”的今天，乘用车已成为现代家庭必不可少的交通工具，但不同层次的消费者对乘用车的需求也不同。部分中产阶级及以上的消费者买车以新车为主，他们注重的是车辆的可靠性而非价格，一般至多用四五年，在车辆的可靠性开始下降、意外故障逐渐增多时，他们就要换车了；而多数中产阶级以下的消费者则以买二手车为主，主要出于使用成本较低的考虑。二手车的价格一般只有新车的一半左右，而且这类车再使用2～4年，性能仍然可靠，使用后的价值损失远比购新车小得多。这样的二手车用过后可能再次卖掉，这时车价只有新车的20%～30%，主要流向收入低或者没有收入

的学生手中。另外还有一些较旧的车价格更低，仅有新车价格的 5%～10%，购买这种二手车，虽然要花费一定维修费用，但总体上使用成本最低。因此，在发达国家，二手车的总供应量略大于总需求量，二手车价格相对较低，以平衡市场供求量。

3. 体制机构健全，促进市场健康发展

在发达国家的二手车市场，一般均形成一套比较完善的收购和销售体制，健全了二手车拍卖批发机构。各国政府纷纷制定了有关二手车贸易的相关法规，以保护消费者的权益。而各种评估机构公正、高效的运作，使发达国家二手车市场价格趋于长期稳定状态。消费者不必担心车辆价值不稳而带来的损失。二手车的价值对汽车的保值以及刺激新车的购买影响深远，二手车市场的持续稳定对新、旧车市场的健康发展发挥了促进作用。

美国、日本和澳大利亚等发达国家的二手车市场现状及经营模式如表 1-3 所示。

表 1-3　美国、日本和澳大利亚等发达国家的二手车市场现状及经营模式

国　家	主要模式	发展现状
美国	厂家认证	美国二手车市场经过数十年的发展已经相当成熟，形成了一套行之有效的市场规则，从价格、质量、服务等多个汽车消费的关键领域给消费者提供了保证。它已经建立起一套很完善的旧车认证、置换、拍卖、收购和销售体制。二手车质量的认证制度，就是由汽车生产商或者大型经销商对二手车进行全方位的质量检测，以确保汽车的品质达到一定的出售标准，同时，经过认证的二手车还可以在一定时期内享受与新车同样的售后保障
日本	拍卖	日本二手车市场最大的特点是已形成一张分布均匀、覆盖完整的“交易网”，各个地区、不同的地方可以交叉交易，并不受地域限制。而拍卖会是日本二手车流通的一个重要方式，在日本有大大小小不同的拍卖场 150 家，以会员制形式组成。哪家有拍卖会，遍布全国的上万家会员经销商就会赶往那里进行交易
澳大利亚	多种模式共存	二手车信息非常丰富，二手车交易渠道广泛，现有经销商、二手车连锁店、二手车出售点、私人和报废汽车厂 5 种渠道可供选择

作为美国当前二手车市场新模式平台之一，Beepi 十分具有代表性，它的创新在于：卖家将二手车挂在 Beepi 上售卖，如果 30 天内没人买，Beepi 则会直接将二手车从车主手中买下。另外，Beepi 上交易的车辆并不是广泛意义上所理解的“二手车”、“旧车”，根据 Beepi 的设定，只有出厂时间少于 6 年、驾驶里程数小于 60000 千米(km)，并且之前被易手不超过两次的汽车才符合规定。在美国，汽车发生过的任何事故、易手记录等，在全国范围内都可以查询到。只有在前期调查符合条件后，Beepi 才会派公司的车辆检修师去验车。通常，在通过前期审核的车辆中，还有 1/3 左右的汽车在验车这道关无法通过。这在以往的传统二手车交易模式中是没有的。

复习与思考

1. 判断题

(1) 在欧美等发达国家，新车和二手车交易比例约为 1∶3。　(　　)

(2) 我国未来二手车市场将保持在平均 10%左右的增速水平上。　(　　)

(3) 我国二手车交易正在由传统模式向电商模式转变。　(　　)

(4) 二手车拍卖与交易服务平台是指二手车以公开竞价的形式转让给最高应价者的经营活动。　(　　)

(5) 拍卖模式二手车经营企业的缺点是管理难、操作难、投入大、盈利点少、磨合久。　(　　)

2. 选择题

(1) 国内品牌二手车经营模式有(　　)。(多选项)

A. 合资公司/大卖场　　B. 合资公司/授权经销商

C. 经纪公司　　D. 授权经销商

(2) 展厅模式二手车经营企业具有(　　)等优势。(多选项)

A. 形象好　　B. 成本低　　C. 流程化　　D. 资源多

(3) 国家质检总局、国家标准委正式发布《二手车鉴定评估技术规范》(GB 30323—2013)于(　　)执行。

A. 2014年6月1日　　B. 2014年7月1日

C. 2014年1月1日　　D. 2014年8月1日

模块 2

汽车基础知识

◎学习目标

1. 知识目标

（1）能够描述汽车的分类和型号。

（2）能够说出车辆识别代码的含义、作用、组成规律。

（3）能够描述汽车发动机、底盘、车身和电气设备的组成及基本工作原理。

（4）能够说出汽车的主要技能和技术参数。

2. 能力目标

（1）能够识别汽车 17 位 VIN 码，并在实车上找到其位置。

（2）在实车上认识发动机、底盘、车身和电气设备各总成件，能说出规范名称和作用。

（3）在实车上能基本判断发动机、底盘、车身和电气设备的工作状态和完好程度。

◎案例导入

某职业院校大三学生小朱准备参加二手车评估师（中级）职业鉴定，想结合二手车评估师（中级）职业鉴定标准系统复习汽车构造方面的知识，所以想通过自学本书，掌握汽车发动机、底盘和电器各方面的知识。

◎服务方案

（1）认真学习本模块。

（2）结合二手车评估师（中级）职业鉴定标准，采用理论与实际相结合的学习方法，牢固掌握汽车的相关知识。

2.1　汽车分类、型号与标识

2.1.1　汽车的定义

美国汽车工程师学会标准 SAE J687C 中对汽车的定义是：由本身动力驱动，装有驾驶装置，能在固定轨道以外的道路或地域上运送客、货或牵引车辆的车辆。

日本工业标准 JISK 0101 中对汽车的定义是：自身装有发动机和操纵装置，不依靠固定轨道和架线，能在路上行驶的车辆。

我国国家标准《汽车和挂车类型的术语和定义》(GB/T 3730.1—2001)中对汽车的定义是：由动力驱动，具有 4 个或 4 个以上车轮的非轨道承载的车辆，主要用于载运人员和(或)货物；牵引载运人员和(或)货物的车辆；特殊用途。本术语还包括与电力线相连的车辆，如无轨电车；整车装备质量超过 400kg 的三轮车辆。

汽车通常被用作载运客、货和牵引客、货挂车，也有为完成特定运输任务或作业任务而将其改装或经装配了专用设备成为专用车辆，但不包括专供农业使用的机械。全挂车和半挂车并无自带动力装置，它们与牵引汽车组成汽车列车时才属于汽车范畴。有些进行特种作业的轮式机械以及农田作业用的轮式拖拉机等，在少数国家被列入专用汽车，而在我国则分别被列入工程机械和农用机械之中。

2.1.2　汽车分类

了解汽车分类对于正确评估二手车非常重要。只有能对汽车进行准确的分类，才能对汽车的车辆类型进行准确的定性，才能对汽车的特性进行准确的分析，才能对汽车进行有效的管理，从而对车辆进行正确的评估。汽车的种类繁多，对汽车的分类也是多种多样的，根据汽车不同的规格、结构、燃料、用途和型号等进行不同的分类，不同的领域对汽车分类有不同的标准和要求。

1. 我国汽车分类

1）根据我国国家标准分类

按照国家最新标准《汽车和挂车类型的术语和定义》(GB/T 3730.1—2001)，将汽车分为乘用车和商用车。

(1) 乘用车(Passenger Car)是指在其设计和技术特性上主要用于载运乘客及其随身行李或临时物品的汽车，包括驾驶员座位在内最多不超过 9 个座位。它也可以牵引一辆挂车。乘用车具体划分为普通乘用车、活顶乘用车、高级乘用车、小型乘用车、敞篷车、仓背乘用车、旅行车、多用途乘用车、短头乘用车、越野乘用车、专用乘用车共 11 种。

(2) 商用车(Commercial Vehicle)是指在设计和技术特性上用于运送人员与货物的汽车，并可以牵引挂车。商用车包括三部分：客车、半挂牵引车、货车。其中，客车又分为小型客车、城市客车、长途客车、旅游客车、铰接客车、无轨电车、越野客车、专用客车 8 种。货车包括普通货车、多用途货车、全挂牵引车、越野货车、专用作业车、专用货车 6 种。

2）按用途分

按用途分类，可以把汽车分为运输汽车和特种用途汽车。

（1）运输汽车。运输汽车可分为乘用车、客车和货车，并按照汽车的主要特征参数分级，即乘用车按照发动机工作容量（总排量）、客车按照车辆总长度、货车按照汽车的总质量分级，详见表 2-1。

表 2-1　运输汽车的分类

乘用车		客　车		货　车	
级 别	总排量 V/L	级 别	总长度 L/m	级 别	总质量 G_a/t
微型车	$V \leqslant 1$	微型客车	$L \leqslant 3.5$	微型货车	$G_a \leqslant 1.8$
普通级乘用车	$1 < V \leqslant 1.6$	轻型客车	$3.5 < L \leqslant 7$	轻型货车	$1.8 < G_a \leqslant 6$
中级乘用车	$1.6 < V \leqslant 2.5$	中型客车	$7 < L \leqslant 10$	中型货车	$6 < G_a \leqslant 14$
中高级乘用车	$2.5 < V \leqslant 4$	大型客车	$10 < L \leqslant 12$	重型货车	$G_a > 14$
高级乘用车	$V > 4$	特大型客车	铰接客车（$L > 12$）和 双层客车（$10 < L \leqslant 12$）		

（2）特种用途汽车。这种车辆根据特殊要求设计或改装而成，主要执行运输以外的任务。配备有装甲或武器的军用作战车辆不属于此类。

① 特种作业车：在汽车上安装专用设备进行特种作业的汽车，如商业售货车、医疗救护车、公安消防车、环卫作业车、市政建设工程车、农牧副渔作业车、石油地质作业车和机场作业车等。

② 竞赛汽车：按照特定的竞赛规范而设计或改造的汽车。在竞赛时，竞赛汽车的各种零部件都将受到极其严峻的考验，因而竞赛汽车往往应用了大量高新科技元素。举办汽车竞赛对促进汽车科技发展具有重要的作用，也是各制造厂及赞助商进行广告宣传的好时机。

③ 娱乐汽车：随着人民生活水平的提高，要求汽车不仅能满足运输需要，而且能满足精神生活的需要，如装备卧具和炊具的旅游汽车、高尔夫球场专用汽车、海滩游玩汽车等。

3）按动力装置类型分类

（1）活塞式发动机汽车。

① 按燃料分类。

汽油机汽车：用汽油作为燃料的汽车。

柴油机汽车：用柴油作为燃料的汽车。

代用燃料汽车：用天然气、液化石油气、醇类、氢等作为燃料的汽车。

② 按活塞的运动方式分类。

往复活塞式发动机汽车：用往复式活塞发动机作为动力装置的汽车。

旋转活塞式发动机汽车：用旋转式活塞发动机作为动力装置的汽车。

（2）电动汽车。

按电能组合方式可以分为以下两种。

① 纯电动汽车：用蓄电池作为能量源的汽车。

② 混合动力电动汽车：用蓄电池和发动机作为能量源的汽车。

4）按行驶机构的特征分类

（1）轮式汽车。通常可分为非全轮驱动汽车与全轮驱动汽车两种类型。汽车的驱动方式一般用符号“$n\times m$”表示，其中 n 表示车轮总数（一个轮毂上安装双轮毂和轮胎仍算一个车轮），m 表示驱动轮数。例如，普通乘用车一般属于 4×2 型，北京 BJ2020 越野车属于 4×4 型。

（2）其他类型车辆。例如履带式车辆、雪橇式车辆、气垫式车辆、步行机构式车辆等。

5）按照发动机位置和驱动方式分类

（1）前置前驱动(FF)汽车：发动机前置、前轮驱动的汽车。

（2）前置后驱动(FR)汽车：发动机前置、后轮驱动的汽车。

（3）后置后驱动(RR)汽车：发动机后置、后轮驱动的汽车。

（4）中置后驱动(MR)汽车：发动机中置、后轮驱动的汽车。

6）按有无车架分类

（1）有车架汽车：在构成车辆底盘的骨架上安装了悬挂、车桥、发动机和车身等总成的汽车。

（2）无车架汽车：没有骨架，底盘和车身成为一体并具有一定强度的汽车。

2. 世界汽车分类

1）欧系乘用车分类

欧系乘用车分类可以以德国车为例。按照德国汽车分级标准，其等级划分主要依据轴距、排量、重量等参数，分为 A00、A0、A、B、C、D 等级别。字母顺序越往后，该级别车的轴距越长，排量和重量越大，乘用车的豪华程度也越高。具体分类形式见表 2-2。

表 2-2　欧系乘用车的分类

级　　别		分类标准	
		排量/L	轴距/m
A00	小型乘用车	2～2.2	<1
A0		2.2～2.3	1～1.3
A		2.3～2.45	1.3～1.6
B	中档乘用车	2.45～2.6	1.6～2.4
C	高档乘用车	2.6～2.8	2.3～3.0
D	豪华乘用车	>2.8	>3.0

A00 级乘用车，如奥拓；A0 级乘用车比较典型的是两厢夏利乘用车；一汽大众的捷达、上海大众的 POLO 乘用车都算得上是 A 级车中的明星；近年来，B 级车市场逐渐成为国内汽车企业拼杀的主战场，奥迪 A4、帕萨特、中华、东方之子等众多车型均属于 B 级乘用车阵营；国内名气最大的 C 级高档乘用车非奥迪 A6 莫属；D 级豪华乘用车大多外形气派，车内空间极为宽敞，发动机动力也非常强劲，目前常见的 D 级乘用车有奔驰 S 系列、宝马 7 系、奥迪 A8、劳斯莱斯和宾利等几个品牌的车型。

当然，随着车型的增加以及价格、款式、配置选择越来越多样化，A 级、B 级、C 级车的交集也会越来越多。例如，有些车型轴距属于 A 级车范围，而排量与价格却与 B 级车相

差无几。因此,乘用车分级不应过于僵化死板,需灵活处理。

2) 美系乘用车分类

以通用汽车公司的分类标准为例,通用公司一般将乘用车分为 6 级,是综合考虑了车型尺寸、发动机排量、装备和售价之后得出的分类。

(1) Mini 级: Mini 级一般指排量为 1L 以下的乘用车。

(2) Small 级: Small 级一般是排量为 1.0～1.3L 的乘用车,相当于我国普通乘用车。

(3) Low-med 级: Low-med 级一般是排量为 1.3～1.6L 的乘用车。

(4) Interm 级: Interm 级和德国的低端 B 级乘用车基本吻合。

(5) Upp-med 级: Upp-med 级涵盖 B 级乘用车的高端和 C 级乘用车的低端。

(6) Large/Lux 级: Large/Lux 级和国内的高级乘用车相对应,涵盖 C 级车的高端和 D 级车。

3) 日系汽车的分类

日本是汽车生产大国,但它的汽车分类比较简单,仅有 3 类,即轻型车、小型车和标准车型。

2.1.3　汽车型号

1. 我国汽车的编号规则

为了在生产、管理、使用、维修中便于识别不同的国产汽车,我国对国产汽车规定了统一的型号编制规则。《汽车产品编号规则》(GB/T 9417—1988)规定汽车产品型号由企业名称代号、车辆类别代号、主参数代号、产品序号组成。必要时附加企业自定代号。对于专用汽车及专用挂车还应增加专用汽车分类代号。

2. 汽车型号的构成

汽车型号应能表明汽车的厂牌、类型和主要特征参数等,如图 2-1 所示。国家标准规定,国产汽车型号均应由汉语拼音和阿拉伯数字组成。汽车型号包括以下五部分。

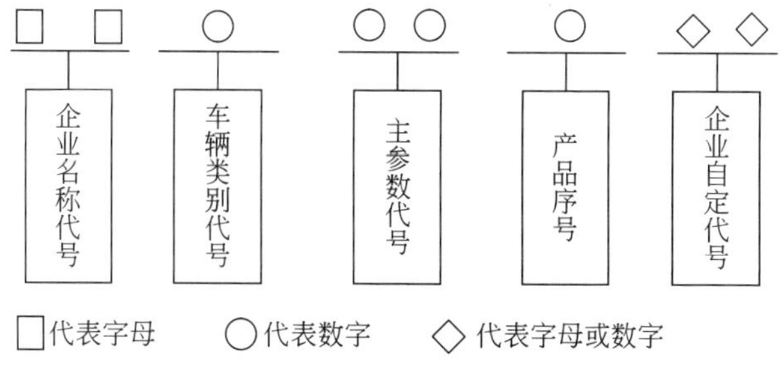

图 2-1　国产汽车型号的构成

1) 企业名称代号

企业名称代号用汉语拼音字母表示,如 CA(第一汽车制造厂)、EQ(第二汽车制造厂)、BJ(北京汽车制造厂)等。

2）车辆类别代号

车辆类别代号用一位阿拉伯数字表示，见表 2-3。

表 2-3　车辆类别代号

车辆类别	代号	车辆类别	代号	车辆类别	代号
载货汽车	1	牵引汽车	4	乘用车	7
越野汽车	2	专用汽车	5	挂车	9
自卸汽车	3	客车	6		

3）主参数代号

各类汽车的主参数代号位于产品型号的第三部分，用两位阿拉伯数字表示。

(1) 车辆类别代号为1～5类的汽车及半挂车以汽车的总质量(t)为主参数代号；总质量为100t以上时，允许用3位主参数代号表示。

(2) 客车以汽车的总长度(m)为主参数代号，当车长不足10m时，应精确到小数点后一位，并以长度值10倍数值表示。

(3) 乘用车以发动机总排量(L)为主参数代号，精确到小数点后一位，以其值的10倍数值表示。

(4) 主参数不足规定位数时，在参数前以“0”占位。

4）产品序号

产品序号用阿拉伯数字0,1,2,…表示。0代表第一代产品；1代表第二代产品；以此类推。

5）企业自定代号

企业自定代号可以用汉语拼音和阿拉伯数字表示，位数由企业自定，同一汽车结构略有变化需要区别时采用。如汽油机与柴油机、单排座与双排座、长轴距与短轴距等。

3. 举例

1）CA1091

CA代表第一汽车制造厂，第1位数字1代表汽车类型为载货汽车，第2位、第3位数字09表示主参数为总质量9t，第4位数字1代表第二代产品。

2）TJ7131U

TJ代表天津市微型汽车厂，第1位数字7代表汽车类型为乘用车，第2位、第3位数字13代表主参数为发动机排量1.3L，第4位数字1代表第二代产品，第5位字母U为厂家自定义。

3）BJ1041

BJ代表北京轻型汽车有限公司，第1位数字1代表汽车类型为乘用车，第2位、第3位数字04代表主参数为总质量4t，第4位数字1代表第二代产品。

4）EQ2080

EQ代表第二汽车制造厂，第1位数字2代表越野车，第2位、第3位数字08代表主参数为总质量8t，第4位数字0代表第一代产品。

2.2 车辆识别代码

在二手车鉴定交易过程中，除了首先要了解车型信息，还有一个重要的环节就是要查验车辆识别代码，通过识别代码来鉴定车辆的合法来源与车辆出厂年份、产地、配置类型等要素。勘验车辆识别码不仅是二手鉴定评估的必要环节，也是在二手车过户更名过程中交通管理部门必须掌握的一个重要信息与执行程序。

2.2.1 车辆识别代码(VIN)的含义

车辆识别代码即通常所说的车架号、底盘号(俗称大樑号)，通常用英文 VIN(Vehicle Identification Number)表示。根据国际标准规定，VIN 码由 17 位字符(包括字母和数字组成)，俗称 17 位码。它包含了车辆的生产厂家、年代、车型、车身形成及代码、发动机代码及组装地点等信息。17 位识别编码也可以说是“汽车身份证”，全世界每一辆汽车都有其独一无二的 VIN 码，具有唯一性，并贯穿一辆车从出厂到报废的整个过程。

VIN 的历史可以追溯到 1949 年，但直到 1981 年之前，标准一直处于变换中，比如 1965—1969 年的 VIN 码有 9 位，当生产量超过 100 万之后采用 10 位；1970—1980 年的 VIN 则固定为 10 位。现行的 17 位汽车识别代码始于 1981 年，我国于 1996 年年底颁布相关标准，并于 1997 年开始实施车辆识别代码制度。在实际操作中，1999 年 1 月 1 日以后，初次登记的车辆必须拥有车辆识别代码。17 位代号编码经过排列组合的结果可以使生产车型在 30 年之内不会发生重号现象。

2.2.2 车辆识别代码(VIN)的作用

汽车研究及管理部门有相应规定的标准，各国机动车辆管理部门办理牌照时可以将其输入计算机存储，以备需要时调用，如处理交通事故、保险索赔、查获被盗车辆、报案等。有的国家规定没有 17 位识别代码的汽车不准进口，而有的国家客户在买车时发现车辆没有 17 位识别代码就不购买，因此没有识别代码的汽车是无法销售的。

由于汽车修理逐步实行计算机管理和故障分析诊断，在各种测试仪表和维修设备中都存储有 17 位 VIN 的数据，以作为修理汽车的依据。17 位识别代码在汽车配件经营管理上也起着重要作用，在查找零件目录中的汽车零件号之前，首先要确认 17 位识别代码的车型、年款，否则会产生误购、错装等现象。

VIN 一般以标牌的形式装贴在汽车的不同部位。利用 VIN 数据规定还可以鉴别拼装车、走私车，因为拼装的进口汽车一般是不按 VIN 规定进行组装的。

随着车型、车款的不同和汽车生产国家的不同(各国政府对 VIN 有不同的规定)，VIN 规定会有所不同。有的按公司各车分部进行规定(如美国 GM)，而有的直接按系统车型或车名进行规定(如日本雷克萨斯汽车)。在实用中，一般要由两种 VIN 规定才可验证一辆车的型号和车型参数，因此大量积累这方面的信息具有重要的意义。随着年款的变化，今后还会陆续出台各种 VIN 规定。

2.2.3 车辆识别代码(VIN)的组成部分和基本内容

车辆识别代码(VIN)共17位,其中"方框"内可填写一个大写的拉丁字母或阿拉伯数字,"圆形框"内只能填写阿拉伯数字,如图2-2所示。

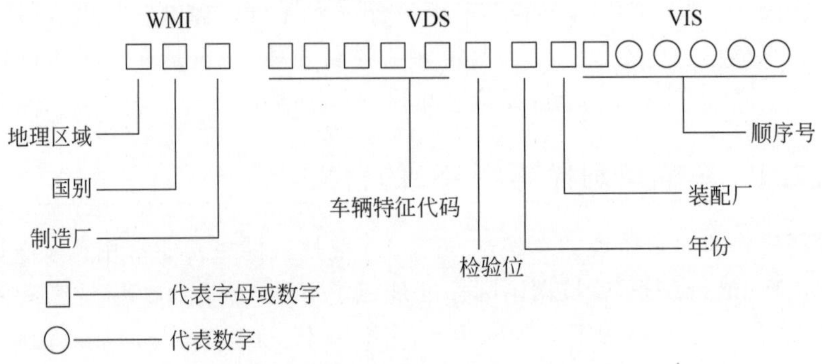

图2-2 车辆识别代码(VIN)的构成

车辆识别代码(VIN)依据其各自代表的含义分为3个部分。

1. 汽车制造厂识别代码(WMI)

汽车制造厂识别代码(WMI)为车辆识别代码的第1～3位,用以说明车辆的生产厂家、品牌等。

(1) 汽车制造厂识别代码的第1位是标明一个地理区域的字母或数字(见表2-4);第2位是标明一个特定地区内的一个国家(地区)的字母或数字。第1位、第2位代码的组合能保证国家(地区)识别标志的唯一性,见表2-4。

表2-4 汽车制造厂识别代码的含义

国家(地区)	代码	国家(地区)	代码	国家(地区)	代码	国家(地区)	代码
美国	1,4	巴西	9	中国台湾	R	德国	W
加拿大	2	日本	J	英国	S	瑞典	Y
墨西哥	3	韩国	K	瑞士	T	意大利	Z
澳大利亚	4	中国	L	法国	V		

(2) 汽车制造厂识别代码的第3位是标明某个特定制造厂的字母或数字。第1位、第2位、第3位代码的组合能保证制造厂识别标志的唯一性。

(3) 对于年产量≥500辆的制造厂,汽车制造厂识别代码由3位代码组成。对于年生产量<500辆的制造厂,汽车制造厂识别代码的第3位代码为数字9。此时,车辆指示部分的第3位、第4位、第5位代码将与第一部分的3位代码一起作为汽车制造厂的识别代码。

2. 车辆说明部分(VDS)

车辆说明部分(VDS)为车辆识别代码的第4～8位,用以说明车辆的特征,即车辆种类、车身类型、发动机类型、底盘类型等内容。

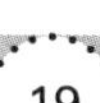

(1) 乘用车：种类、系列、车身类型、发动机类型及约束系统类型。

(2) MPV：种类、系列、车身类型、发动机类型及车辆额定总量。

(3) 载货车：型号或种类、系列、底盘、驾驶室类型、发动机类型、制动系统及额定总量。

(4) 客车：型号或种类、系列、车身类型、发动机类型及制动系统。

3. 车辆指示部分（VIS）

车辆指示部分(VIS)为车辆识别代码的第 9～17 位。这一部分有两位代码，对于识别“套牌”及盗抢车辆特别重要。首先是第 9 位校验码，它与身份证号码中的校验位一样，其目的是提供校验 VIN 编码正确性的方式，通过它核定整个 VIN 码是否正确，它在车辆识别中起着重要的作用。如果有人故意涂改其中一个或多个 VIN 码，通过车辆识别码识别软件，经过对校验位的一系列计算，就能判定该 VIN 码为非法代码，从而帮助稽查人员判断车辆的合法性。第 10 位为车型年份，即厂家规定的型年(Model Year)，不一定是实际生产的年份，但一般与实际生产的年份之差不超过 1 年，它可以辅助认定车辆行驶证注册日期的真实性，表 2-5 为车型年份与指示字母的对应关系。第 12～17 位为顺序号，一般情况下，汽车召回都是针对某一顺序号范围内的车辆，即某一批次的车辆。

表 2-5　VIN 码第 10 位(车型年份)

代码	年份	代码	年份	代码	年份	代码	年份
B	1981	K	1989	V	1997	5	2005
C	1982	L	1990	W	1998	6	2006
D	1983	M	1991	X	1999	7	2007
E	1984	N	1992	Y	2000	8	2008
F	1985	P	1993	1	2001	9	2009
G	1986	R	1994	2	2002	A	2010
H	1987	S	1995	3	2003	B	2011
J	1988	T	1996	4	2004	C	2012

需特别指出的是：

(1) 根据规定，车辆识别代码不得使用 I、O、Q 这 3 个英文字母。如果发现 VIN 字迹不清，有手工打刻痕迹，或出现字母 I、O、Q，则说明这辆车的车辆识别代码已被涂改或伪造，可以断定该车有盗抢嫌疑。

(2) 车辆识别代码的最后 4 位应是阿拉伯数字。若不是阿拉伯数字，则该识别代码一定为伪造，该车也有盗抢嫌疑。

WVWDB4505LK005678 是一个 17 位的 VIN 码，表 2-6 列出了每一位字母或数字代表的含义。

不同国家或汽车生产厂家的 VIN 码含义有细微的不同(第 2～8 位)，见表 2-7。

表 2-6　17 位的 VIN 码举例

VIN 码	位数	意　　义
W	1	生产国别代码(W—德国)
V	2	制造厂家代码(V—大众汽车公司)
W	3	汽车类型代码(W—乘用车)
D	4	车型系列(D—两门旅行型)
B	5	发动机型号(B—四缸 102/123hps 汽油机)
4	6	安全保护装置(电控被动式及手动式)
5	7	车型代码(Corrado)
0	8	
5	9	VIN 检验代码
L	10	车型年款代码
K	11	总装工厂代码
0	12	出厂顺序号代码
0	13	
5	14	
6	15	
7	16	
8	17	

表 2-7　不同国家或汽车生产厂家 VIN 码含义的不同(第 2～8 位)

德国奔驰汽车公司乘用车 VIN	德国宝马汽车公司乘用车 VIN	美国福特汽车公司乘用车 VIN	日本丰田汽车公司乘用车 VIN
第 2、3 位：生产厂家代码	第 2 位：生产厂家代码	第 2 位：生产或归口部门代码	第 2 位：生产厂家代码
第 4 位：车身及底盘系列代码	第 3 位：车型及种类代码	第 3 位：车型类别代码	第 3 位：车辆类别代码
第 5 位：发动机类型代码	第 4～6 位：车型代码	第 4 位：乘员安全保护装置代码	第 4 位：发动机型号代码
第 6、7 位：车型代码	第 7 位：发动机型号代码	第 5 位：车型系列代码	第 5 位：车型代码
第 8 位：乘员安全保护装置代码	第 8 位：乘员安全保护装置代码	第 6、7 位：车身类型代码	第 6 位：车型与型号代码
		第 8 位：发动机型号代码	第 7 位：系列/级别代码
			第 8 位：车身类型代码

2.2.4　VIN 码的查找

除挂车和摩托车外，VIN 标牌应固定在门铰链柱、门锁柱或与门锁柱接合的门边之一的柱子上，接近于驾驶员座位的地方；如果没有这样的地方可以利用，则固定在仪表板的左侧。如果这些地方都不能利用，则固定在车门内侧靠近驾驶员座位的地方。VIN 标牌的位置应当是除了外面的车门外，不移动车辆的任何零件就可以容易读出的地方。我国乘用车的 VIN 码大多可以在仪表板左侧、风窗玻璃下面找到。

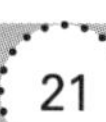

根据国家《车辆识别代码(VIN)管理规则》,车辆的 VIN 码应在机动车的以下位置。

(1) 国产乘用车的 VIN 码大多在仪表板左侧、风窗玻璃下面。

(2) 机动车行驶证上,新的行驶证在“车架号”一栏一般都打印 VIN 码。

(3) 其他地方,如保险单上、发动机舱内的各种铭牌上,驾驶员侧车门柱上、悬架上等。

最后,对车辆识别代码的印刻也有要求:若直接打印在汽车和挂车(车架、车身等部件)上,字码高度至少应为 7mm,其他情况至少应为 4mm。在任何情况下,字码都应是字迹清楚、坚固、耐久和不易替换的。车辆识别代码在文件上表示应写成一行,且不能有空格;打印在车辆上或车辆标牌上时也应标示在一行。特殊情况下,由于技术上的原因必须标示在两行上时,两行之间不应有间隙,每行的开始与终止处应选用一个分隔符表示。分隔符必须是车辆识别代码所用的任何字码,且不易与车辆识别代码中的字码相混淆。

2.3　汽车的基本构造

汽车由各种机构和装置组成,通常分为发动机、底盘、车身和电气设备四大部分。

(1) 发动机。使供入其中的燃料燃烧产生动力,是汽车行驶的动力源泉。

(2) 底盘。接受发动机的动力,使汽车正常行驶。由传动系统、行驶系统、转向系统和制动系统组成。

(3) 车身。用以安置驾驶员、乘客或货物。客车和乘用车大多是整体车身;普通货车车身由驾驶室和货厢组成。

(4) 电气设备。汽车的电气设备用于发动机的启动、点火、照明、灯光信号及仪表灯监控装置,由电源和用电设备组成。

2.3.1　发动机

发动机是将某种形式的能量转变为机械能的机器。借助工质的状态变化将燃料燃烧产生的热能转变为机械能。发动机是汽车的心脏,为汽车行走提供动力。

1. 发动机的分类

(1) 根据工作循环的活塞行程数分类:二冲程发动机、四冲程发动机。

(2) 根据所有燃料种类进行分类:汽油发动机、柴油发动机、CNG(压缩天然气)发动机、LPG(液化石油气)发动机、双燃料发动机。

(3) 根据冷却方式分类:水冷式发动机、风冷式发动机。

(4) 发动机还可以按气缸数分类,仅有一个气缸的称为单缸发动机,有两个以上的称为多缸发动机。

(5) 多缸发动机按气缸排列方式分为直列(单列)式发动机、V 型式发动机、对置式发动机等形式。直列式气缸结构简单,加工容易,长度和高度大。V 型式发动机的气缸缩短了发动机的长度和高度,刚度好,但加大了宽度,形状复杂,加工困难。对置式发动机比其他形式的发动机小得多,一般用在风冷式发动机上。

(6) 按照进气系统是否采用增压方式分类：自然吸气（非增压）式发动机和增压式发动机。

(7) 按照活塞的工作方式分类：往复活塞式发动机与转子活塞式发动机。

2. 发动机的总体构造

大多数汽车都采用往复活塞式发动机，它一般是由机体组、曲柄连杆机构、配气机构、冷却系统、润滑系统、燃料供给系统、点火系统（汽油发动机采用）、启动系统等部分组成的。

1）机体组

汽车发动机机体组是构成发动机的骨架，是发动机各机构和各系统的安装基础，其内、外安装着发动机的所有零件和附件，承受各种载荷。因此，机体必须有足够的强度和刚度。机体组主要由气缸体、曲轴箱、气缸盖和气缸垫等零件组成。

2）曲柄连杆机构

曲柄连杆机构是往复式内燃机中的动力传递系统，是发动机实现工作循环、完成能量转换的主要运动部分。在做功过程中，它将燃料燃烧产生的热能作用于活塞，使活塞往复运动，再由曲轴旋转运动转变成机械能，对外输出动力；在其他行程中，则依靠曲柄和飞轮的转动惯性，通过连杆带动活塞上、下运动，为下一次做功创造条件。曲柄连杆机构由活塞连杆组、曲柄飞轮组两部分组成。

3）配气机构

配气机构主要由进气门、排气门、摇臂、推杆、凸轮轴和凸轮轴正时齿轮等组成。它的作用是使可燃混合气体适时充入气缸并及时将燃烧后的废气从气缸排出。

4）冷却系统

冷却系统有水冷式和风冷式两种。水冷式主要由散热器、风扇、水泵、水套和节温器等组成。风冷式主要由风扇、散热片等组成。冷却系统的作用是将机件多余的热量散发到大气中，以保持发动机正常的工作温度。

5）润滑系统

润滑系统主要由机油泵、机滤器、限压阀、机油滤清器等组成。它的作用是减小摩擦力，减缓机件磨损，并部分地冷却机件和清洗机件表面。

6）燃料供给系统

汽油机必须按需要向气缸供给已配好的可燃混合气；柴油机则要向气缸内供给纯空气，并在规定时间向气缸内喷入燃油。燃料供给系统的组成：燃油泵、燃油滤清器、燃油压力调节器、喷油器、冷启动喷油器、油压脉冲衰减器等。

7）点火系统

点火系统（仅汽油机有）主要由电源、点火线圈、火花塞、点火控制器等组成。它的作用是在压缩终了时，点燃气缸中的可燃混合气。

8）启动系统

启动系统主要由启动机及其附属装置组成。它的作用是使静止的发动机启动并进入自行运转。

3. 发动机术语

发动机术语解释如下。

(1) 活塞行程：活塞运行在上、下两个止点间(即上止点和下止点)的距离称为活塞行程。它等于曲轴到连杆轴部分旋转直径的长度，对应一个活塞行程，曲轴旋转180°。

(2) 上止点：活塞在气缸里作往复直线运动时，活塞顶部距离曲轴旋转中心最远的极限位置，称为上止点。

(3) 下止点：活塞在气缸里作往复直线运动时，活塞顶部距离曲轴旋转中心最近的极限位置，称为下止点。

(4) 燃烧室容积：活塞位于上止点时，其顶部与气缸之间的容积称为燃烧室容积。

(5) 气缸工作容积：活塞在从一个止点运动到另一个止点(上止点和下止点)间所扫过的容积称为气缸工作容积。

(6) 气缸总容积：活塞位于下止点时，活塞顶部上方整个空间的容积称为气缸总容积。它等于气缸工作容积与燃烧室容积之和。

(7) 排量：所有气缸工作容积之和称为发动机排量。

(8) 压缩比：压缩前气缸中气体的最大容积(气缸总容积)与压缩的最小容积(燃烧室容积)之比。

(9) 空燃比：表示空气和燃料质量的混合比，用来表征混合气的浓度。

(10) 最大功率：发动机从曲轴端输出的最大功率，用马力(PS)或千瓦(kW)表示。

(11) 最大转矩：发动机从曲轴端输出的力矩，单位是N·m。

4. 发动机的型号

为了便于内燃机的生产管理和使用，《内燃机产品名称和型号编制规则》(GB 725—2008)中对内燃机的名称和型号进行了统一规定。

1) 内燃机的名称和型号

内燃机名称均按所使用的主要燃料命名，例如汽油机、柴油机、天然气机等。

内燃机型号的排列顺序及符号代表的意义如表2-8所示。

表2-8 内燃机型号的排列顺序及符号所代表的意义

首部		中部							后部															尾部
系列符号	换代标志符号	缸数符号	气缸排列形式符号			冲程符号		缸径符号①	结构特征符号						用途特征符号									区分符号②
			P	V	无符号	E	无符号		Z	D_2	S	N	F	无符号	C_1	C	D	J	G	M	Q	T	无符号	
			平卧型	V型	直列/单缸/卧列	二冲程	四冲程		增压	可倒转直接换向	十字头式	凝气冷却	风冷	水冷	船用主机左机基本型	船用主机右机基本型	发动机组	铁路机车	工程机械	摩托车	汽车	拖拉机	通用型	

注：①以气缸直径数(mm)表示；②多点电控燃油喷射系统。

2）举例

（1）汽油机。

① 1E65F：表示单缸，二冲程，缸径 65mm，风冷通用型。

② 4100Q：表示四缸，四冲程，缸径 100mm，水冷车用。

③ 4100Q-4：表示四缸，四冲程，缸径 100mm，水冷车用，第四种变形产品。

④ CA6102：表示六缸，四冲程，缸径 102mm，水冷通用型，CA 表示系统符号。

⑤ 8V100：表示八缸，四冲程，缸径 100mm，V 型，水冷通用型。

⑥ TJ376Q：表示三缸，四冲程，缸径 76mm，水冷车用，TJ 表示系列符号。

⑦ CA488：表示四缸，四冲程，缸径 88mm，水冷通用型，CA 表示系列符号。

（2）柴油机。

① 195：表示单缸，四冲程，缸径 95mm，水冷通用型。

② 165F：表示单缸，四冲程，缸径 65mm，风冷通用型。

③ 495Q：表示四缸，四冲程，缸径 95mm，水冷车用。

④ 6135Q：表示六缸，四冲程，缸径 135mm，水冷车用。

⑤ X4105：表示四缸，四冲程，缸径 105mm，水冷通用型，X 表示系列代号。

2.3.2 底盘

汽车底盘接受发动机的动力，使汽车产生动力，并保证汽车按照驾驶员的操纵正常行驶。底盘由传动系统、行驶系统、转向系统和制动系统等部分组成。

1. 传动系统

传动系统是指将发动机的动力传递到车轮上的全部动力传动装置，并能实现动力的接通与切断、起步、变速、倒车等功能。它由离合器、变速器、传动轴、驱动桥（主减速器和差速器）等部件组成。

2. 行驶系统

汽车的车架、车桥、车轮和悬架等组成了行驶系统。行驶系统的功用是接受传动系统的动力，通过驱动轮与路面的作用产生牵引力，使汽车正常行驶；承受汽车的总重量和地面的反力；缓和不平路面对车身造成的冲击，衰减汽车行驶中的振动，保持行驶的平顺性；与转向系统配合，保证汽车操纵稳定性。

3. 转向系统

转向系统用来控制汽车的行驶方向。它由转向盘、转向器和转向传动机构组成。按转向能源的不同，转向系统可分为机械转向系统和动力转向系统两大类。

4. 制动系统

制动系统使行驶中的汽车按照驾驶员的要求进行强制减速甚至停车；使已停驶的汽车在各种道路条件下（包括在坡道上）稳定驻车；使下坡行驶的汽车速度保持稳定。它由制动器、制动传动机构等部件组成。一般汽车制动系统至少有两套各自独立的制动装置，即行车制动装置和驻车制动装置。

2.3.3　车身

汽车的车身是驾驶员工作的场所，也是装载乘客和货物的场所。车身应为驾驶员提供方便的操作条件，为乘员提供舒适的乘坐环境，保护他们免受汽车行驶时的振动、噪声、废气的侵袭以及外界恶劣气候的影响，并保证完好无损地运载货物且装卸方便。汽车车身上的一些结构措施和设备还有助于安全行车和减轻事故的后果。

车身应保证汽车具有合理的外部形状，在汽车行驶时能有效引导周围的气流，以减少空气阻力和燃料消耗。此外，车身还应有助于提高汽车行驶稳定性和改善发动机的冷却条件，并保证车身内部良好的通风。

车身又分为非承载式车身和承载式车身两类。

非承载式车身的汽车有一刚性车架，又称底盘大梁架。在非承载式车身中，发动机、传动系统的一部分、车身等总成部件固定在车架上，车架通过前后悬架装置与车轮连接。非承载式车身比较笨重、质量大、高度高，一般用在货车、客车和越野车上，也有部分高级乘用车使用，因为它具有较好的平稳性和安全性。

承载式车身的汽车没有刚性车架，只是加强了车头、侧围、车尾、底板等部位，发动机、前后悬架、传动系统的一部分等总成部件装配在车身上设计要求的位置，车身负载通过悬架装置传给车轮。承载式车身除了其固有的乘载功能外，还要直接承受各种负荷力的作用。承载式车身不论在安全性还是稳定性方面都有很大的提高，它具有质量小、高度低、装配容易等优点，大部分乘用车采用这种车身结构。

2.3.4　电气设备

汽车的电气设备由发电机、蓄电池、启动系统、点火系统以及汽车的照明、信号装置和仪表灯组成。我国汽车电气系统的电压等级有 12V 和 24V，均采用负极搭铁。现代汽车越来越多地装备各种电子设备：微处理机、中央计算机系统、卫星导航系统及各种人工智能装置（自诊断、防盗、巡航、防抱死、安全气囊等）等，显著地提高了汽车的性能。

2.4　汽车的主要性能和技术参数

2.4.1　汽车的主要性能指标

1. 汽车的动力性

汽车的动力性是指汽车在良好路面上直线行驶时由汽车受到的纵向外力决定的、所能达到的平均行驶速度。

汽车作为一种高效率的运输工具，其运输效率的高低在很大程度上取决于汽车的动力性。汽车的动力性是汽车各种性能中最基本、最重要的性能。

汽车的动力性可以由以下 3 个指标来衡量。

1）汽车的最高车速

汽车的最高车速是指汽车满载时在水平良好的路面(混凝土或沥青)上所能达到的最高的行驶车速。

2）汽车的加速时间

汽车的加速时间表示汽车的加速能力，它对平均行驶车速有很大的影响，特别是乘用车，对加速时间更为重视。常用原地起步加速时间与超车加速时间来表明汽车的加速能力。原地起步加速时间是指汽车由Ⅰ挡或Ⅱ挡起步，并以最大的加速强度(包括选择恰当的换挡时机)逐步换至最高挡后到某一预定的距离或车速所需要的时间。乘用车常用加速到0～100km/h所需的时间来表明加速能力，可用加速过程曲线即车速-时间关系曲线全面反映加速能力。

3）汽车的最大爬坡度

汽车的上坡能力用最大爬坡度表示。最大爬坡度是指汽车满载时用变速器最低挡位在良好路面上等速行驶所能克服的最大道路坡度。乘用车最高车速大，加速时间短，经常在较好的道路上行驶，一般不强调它的爬坡能力；但为了保护其良好的加速能力，发动机功率应较大，故其爬坡能力自然较强。货车要在各种地区的各种道路上行驶，所以必须具有足够的爬坡能力，一般在30％，即16.7°左右。越野汽车要在坏路或无路条件下行驶，因而爬坡能力是它的一个很重要的指标，其最大爬坡度可达到60％，即31°左右。

2. 汽车的燃油经济性

在保证动力性的条件下，汽车以尽量少的燃油消耗量完成运输工作的能力，称为汽车的燃油经济性。在汽车运输成本中，燃油费用占有一定的比例。燃油经济性好，可以降低汽车的使用费用。

汽车的燃油经济性常用一定运行工况下汽车行驶100km的燃油消耗量或一定燃油量能使汽车行驶的里程来衡量。

在我国及欧洲，燃油经济性指标的单位为L/100km，即汽车每行驶100km所消耗的燃油升数，其数值越大，表明汽车的燃油经济性越差。如相同载质(客)量的汽车，百公里油耗数字越小，说明该车的燃油经济性越好。

3. 汽车的制动性

汽车的制动性是汽车的主要性能之一，它主要关系到交通安全。制动时发生的严重侧滑或跑偏、制动距离过长或下坡时制动稳定性差等常常会造成重大的交通事故。良好的汽车制动性是汽车安全行驶的重要保障。

汽车的制动性能是指强制汽车在短距离内减速、停车、控制下坡速度且维持行驶方向的稳定性和保证汽车较长时间停放在斜坡上的能力。前者为汽车的行车制动性能，后者为汽车的驻车制动性能。

汽车的制动性主要由以下3方面的指标来评价。

1）制动效能

制动效能包括汽车的制动距离、制动减速度和制动力。它是指汽车在良好的路面上以一定初速度制动到停车所驶过的距离、制动时汽车的减速度或制动力的大小，是制动性能最基本的评价指标。

2）制动效能的恒定性

制动效能的恒定性主要是汽车制动器的抗衰退性能，包括抗热衰退性能和抗水衰退性能。抗热衰退性能是指汽车高速行驶情况下制动或下长坡连续制动时，制动效能能保持的程度。因而制动过程实质上是把汽车行驶的动能通过制动器吸收转换为热能，所以造成制动器温度升高，摩擦副摩擦系数下降，摩擦力矩下降，制动降低，难以保持在冷却状态时的制动效能。抗水衰退性能是指汽车在潮湿的情况下或涉水行驶后，制动效能保持的程度。在此情况下，由于制动器表面水膜的作用，造成摩擦系数降低，制动力减小。

3）制动时汽车行驶的方向稳定性

制动时汽车行驶的方向稳定性是指制动时汽车按给定路径行驶的能力。若制动时发生跑偏、侧滑或失去转向能力，则汽车将偏离原来的路径。

4. 汽车操纵稳定性

汽车操纵稳定性是指在驾驶员不感觉过分紧张、疲劳的条件下，汽车能按照驾驶员通过转向系统及转向车轮给定的方向（直线或转弯）行驶；且当受到外界干扰（路不平、侧风、货物或乘客偏载）时，汽车能抵抗干扰而保持稳定行驶的性能。

汽车的操纵稳定性包含相互联系的两个部分：一个是操纵性，另一个是稳定性。操纵性好，简言之就是“听话”，汽车能够按照驾驶员的要求运行；稳定性好，简言之就是能够抵抗干扰。

5. 汽车的行驶平顺性

汽车的行驶平顺性是指汽车在一般行驶速度范围内行驶时，能保证乘员不会因车身振动而引起不舒服和疲劳的感觉，以及保持所运货物完整无损的性能。行驶平顺性主要根据乘员的舒适程度来评价，又称为乘坐舒适性。研究汽车平顺性的主要目的是控制汽车振动系统的动态特性，使振动的“输出”在给定工况的“输入”下不超过一定界限，以保持乘员的舒适性。

6. 汽车的通过性

汽车的通过性是指车辆通过一定路况的能力。具体指汽车能够以足够高的平均车速通过各种坏路和无路地带（如松软地面、坎坷不平地段）及各种障碍（陡坡、侧坡、壕沟、台阶、灌木丛、水障）的能力。

7. 汽车排放的污染物

汽车的排放污染主要有 3 个排放源：一是发动机排气管排出的发动机燃烧废气，汽油车的主要污染物成分是一氧化碳（CO）、碳氢化合物（HC）、氮氧化合物（NO_x），而柴油车除了这 3 种有害物外，还排放大量的颗粒物；二是曲轴箱排放物，由发动机在压缩及燃烧过程中未燃的碳氢化合物从燃烧室漏向曲轴箱排放，主要是碳氢化合物；三是燃料蒸发排放物，主要由燃油箱的燃料蒸发而产生。在未加控制时，曲轴箱和燃料蒸发排放的碳氢化合物各约占 HC 总排放量的 1/4。

8. 汽车的噪声

汽车噪声即汽车行驶在道路上时，内燃机、喇叭、轮胎等发出的大量人类不喜欢的声音。汽车噪声严重影响人的身体健康。近年来，城市机动车辆增长很快，伴随而来的交通噪声污染环境现象也日益突出。专家认为，汽车对环保最大的危害是噪声污染。实际上，城市最吵闹的噪声排第一位的应属汽车喇叭声。

2.4.2 汽车的主要技术参数

1. 质量参数

1）汽车总质量

汽车总质量是指汽车装备齐全，并按规定装满客(包括驾驶员)、货时的重量。汽车总质量的确定如下。

(1) 对于乘用车，汽车总质量 ＝整备质量＋ 驾驶员及乘员质量＋行李质量。

(2) 对于客车，汽车总质量＝整备质量＋驾驶员及乘员质量＋行李质量＋附件质量。

(3) 对于货车，汽车总质量＝整备质量＋驾驶员及助手质量＋行李质量。

汽车的整备质量，即以前惯称的“空车重量”。所谓汽车的整备质量是指汽车按出厂技术条件装备完整(如备胎、工具等安装齐备)，各种油水添满后的重量。这是汽车的一个重要设计指标，该指标既要先进又要切实可行。它与汽车的设计水平、制造水平以及工业化水平密切相关。同等车型条件下，设计方法越优化，生产水平越优越，工业化水平越高，则整备质量就越下降。

2）载质量

载质量表示汽车可能载人、载物的总质量，即汽车的有效装载能力。对于载货汽车、客车以及各类汽车，这都是一个重要的性能指标。对于用户具有非常实际的意义。

3）轴荷

一般来讲，轴荷比是指前、后轮轴分担车重的比值。轴荷是指前、后轴承担的车重。对于乘用车来讲，前后轴荷比为 50∶50 最好。这个轴荷分配比例有利于轮胎的均匀磨损，保证汽车拥有较好的过弯特性和行驶稳定性。前置后驱(FR)车型因发动机和驱动装置分别位于汽车前部和后部，更容易做到 50∶50 的轴荷分配。前置前驱(FF)的乘用车，前轴轴荷最好占 55%以上，以保证上坡时有足够的驱动力。后轴为双胎的 4×2 载货汽车，共有 6 个轮胎，前、后轴轴荷应分别为总质量的 1/3 和 2/3。后置后驱(RR)的乘用车，满载时后轴轴荷不应超过 59%，以免轮胎超载和上坡向后倾翻。

按我国规定，座位数小于或等于 9 的载客汽车，不论空载、满载，其转向轴的轴荷不得小于 30%，以保证转向轮具有足够的附着重量，使汽车保持转向的稳定性。

2. 尺寸参数

1）车长

车长是垂直于车辆纵向对称平面并分别抵靠在汽车前、后最外端突出部位的两垂面之间的距离，简单地说是汽车长度方向两极端点间的距离。

2）车宽

车宽是平行于车辆纵向对称平面并分别抵靠车辆两侧固定突出部位的两平面之间的距离，简单地说是汽车宽度方向两极端点间的距离。其中，汽车两侧固定突出部位不包含后视镜、侧面标志灯、示位灯、转向灯、挠性挡泥板、折叠式踏板、防滑链以及与地面接触变形部分等。《道路车辆外廓尺寸、轴荷及质量限值》(GB 1589—2004)规定，车宽不得大于2.5m，与公路的车道宽度和行车速度有关。

3）车高

车高是车辆支承平面与车辆最高突出部位相抵靠的水平面之间的距离，简单地说就是从地面到汽车最高点的距离。车高是车辆在没有装载货物或人员时的运行状态，是车辆支承面以及车辆最高部位与相抵水平面之间的距离。

4）轴距

轴距就是通过车辆同一侧相邻两车轮的中点，并垂直于车辆纵向对称平面的二垂线之间的距离。简单地说，就是汽车前轴中心到后轴中心的距离。

5）轮距

轮距是车轮在车辆支承平面(一般指地面)上留下的轨迹中心线之间的距离。如果车轴的两端是双车轮，则轮距是双车轮两个中心平面之间的距离。

6）前悬

前悬是指前轮中心与车前端的水平距离。前悬的长度应足以固定和安装发动机、散热器、转向器等。但也不宜过长，否则汽车的接近角过小，上坡时容易发生触头现象，影响汽车的通过性。

7）后悬

后悬是指通过车辆最后车轮轴线的垂直面与抵靠在车辆最后端并垂直于车辆纵向对称平面的垂直面之间的距离。

8）最小离地间隙

最小离地间隙是指汽车停放在水平地面上，在额定满载的前提下，其底盘最下突出部位与水平地面的距离。

9）接近角

接近角是指在汽车满载静止时，汽车前端突出点向前轮所引切线与地面的夹角。即水平面与切于前轮轮胎外缘(静载)的平面之间的最大夹角，前轴前面任何固定在车辆上的刚性部件不得在此平面的下方。

10）离去角

离去角是指汽车满载、静止时，自车身后端突出点向后车轮引切线与路面之间的夹角，即水平面与切于车辆最后车轮轮胎外缘(静载)的平面之间的最大夹角，位于最后车轮后面的任何固定在车辆上的刚性部件不得在此平面的下方。它表征了汽车离开障碍物(如小丘、沟洼地等)时，不发生碰撞的能力。离去角越大，则汽车的通过性越好。

11）最小转弯半径

最小转弯半径是指当转向盘转到极限位置，汽车以最低稳定车速转向行驶时，外侧转向轮的中心在支承平面上滚过的轨迹圆半径。它在很大程度上表征了汽车能够通过狭窄

弯曲地带或绕过不可越过的障碍物的能力。转弯半径越小,汽车的机动性能越好。

复习与思考

1. 判断题

(1) 全世界燃油经济性指标的单位为 L/100km。 (　　)

(2) 汽油车的主要污染物成分是一氧化碳、碳氢化合物和氮氧化合物。 (　　)

(3) 按照国家最新标准《汽车和挂车类型的术语和定义》(GB/T 3730.1—2001),把汽车分为轿车和卡车。 (　　)

(4) 在承载式车身中,发动机、传动系统的一部分、车身等总成部件固定在车架上。 (　　)

2. 选择题

(1) 对于(　　),汽车总质量=整备质量+驾驶员及乘员质量+行李质量。

A. 客车　　B. 乘用车　　C. 货车

(2) 汽车的制动性主要由(　　)的指标来评价。(多选项)

A. 制动效能　　B. 制动效能的恒定性

C. 制动时汽车行驶的方向稳定性

(3) 汽车的动力性包括(　　)。(多选项)

A. 汽车的最高车速　　B. 汽车的加速时间

C. 汽车的最大爬坡度

(4) 底盘由(　　)等部分组成。

A. 传动系统　　B. 行驶系统　　C. 转向系统　　D. 制动系统

模块 3

二手车鉴定及评估

学习目标

1. 知识目标

（1）能够说出二手车评估常用的五种方法及特点。

（2）能够分别描述现行市价法、重置成本法、收益现值法、清算价格法和成本折旧法的评估方法。

（3）能够说出二手车评估方法的选择原则。

（4）能够说出二手车鉴定评估标准及单证。

2. 能力目标

（1）能够识别二手车鉴定评估单证的真实性。

（2）能够根据《二手车鉴定评估技术规范》（GB 30323—2013）对二手车进行鉴定评估。

（3）能够按照品牌经销商的二手车检测方法对二手车进行鉴定评估。

案例导入

王先生开的一辆别克凯越车已4年了，他想把该车卖掉换一辆奥迪A4。小魏从职业院校汽车专业毕业到二手车经销企业已有两年了，他接待了王先生，要对王先生的别克凯越车进行评估。

服务方案

（1）查验单证和其他信息，确定该车是否属于可交易的车辆。

（2）签订委托书，确定评估流程。

（3）登记基本信息。

（4）判别是否是事故车。

(5) 鉴定技术状况。

(6) 评估车辆价格。

(7) 撰写并出具鉴定评估报告。

(8) 归档工作。

3.1 二手车价值评估方法

二手车交易是我国汽车产业链发展中的重要一环。近年来,随着我国汽车产量和保有量的不断增长,我国二手车交易市场的交易活动也表现得异常活跃。车辆价格鉴定评估活动越来越多,情况越来越复杂,内容也越来越丰富。二手车的评估方法是确定二手车评估值的具体手段和途径,是二手车能够公平交易的价格准则,更是决定现行市价的基本因素之一。

与新车不同,二手车没有明确的定价,一辆车在不同的时期价值也不一样。如果把车辆放置在时间变量中观察,它的价值会随时间的变动不断发生变化。车辆价值将随时间变化发生升值或贬值,影响因素错综复杂。正确理解和把握科学、合理的二手车鉴定评估方法,对提高评估效率和质量具有十分重要的意义。

二手车作为一类资产,既是生产资料,也是消费资料。当它作为生产资料,用于生产或经营的车辆时,其特征有明显的价值转移,对产权所有者产生收益,如营运载货车、客车、工厂用于生产使用的叉车、工程上用于生产使用的挖掘机等;而作为家庭的消费资料,是一般家庭中仅次于房产的第二大财产,用于生活和生产服务,以交通代步为主的车辆,其特征是没有明显的价值转移,对所有者不产生经济收益,车辆价值随使用年限及使用里程数的增加而消费掉。与其他类资产比较,二手车自身有下述几个特点:单位价值大、使用时间长;和房地产一样,有权属登记,使用管理严格,税费附加值较高;使用强度、使用条件、维护保养水平差异较大,并有较高的技术含量。基于二手车上述几个特点,二手车的评估必须与车辆实际情况相结合,以技术鉴定为基础,以资产评估理论为指导进行灵活处理。本章将在这个基础上具体介绍目前比较常见的五种二手车评估方法。

3.1.1 现行市价法

1. 定义

现行市价法又称市场法或市场价格比较法,是指通过比较被评估车辆与最近售出类似车辆的异同,并将类似车辆的市场价格进行调整,从而确定被评估车辆价值的一种评估方法。

本方法的基本思路是:通过市场调查选择一个或几个与评估车辆相同或类似的车辆作为参照物,分析参照物的构造、功能、性能、新旧程度、地区差别、交易条件及成交价格等,并与评估车辆一一对照比较,找出两者的差别及差别所反映的价格上的差额,经过调整,计算出旧机动车的价格。

2. 特点

运用现行市价法要求充分利用类似二手车成交价格信息，并以此为基础判断和估测被评估车辆的价值。运用已被市场检验了的结论来评估被评估车辆，显然容易被买卖双方当事人接受。因此，现行市价法是二手车评估中最直接、最具说服力的评估途径之一。

用现行市价法评估二手车包含了被评估车辆的各种贬值因素，如有型损耗的贬值、功能性贬值和经济性贬值。因为市场价格综合反映了车辆的各种因素，则车辆的有型损耗及功能陈旧而造成的贬值，自然会在市场价格中有所体现。经济性贬值则反映社会对各类产品综合的经济性贬值的大小，突出表现为供求关系的变化对市场价格的影响，因而，用现行市价法评估不再专门计算功能性贬值和经济性贬值。

1）现行市价法的优点

（1）能够客观反映二手车目前的市场情况，其评估的参数、指标，可直接从市场获得，评估能反映二手车的市场现实价格。

（2）结果易于被各方理解和接受。

2）现行市价法的缺点

（1）需要公开及活跃的二手车市场作为基础，然而，在我国很多地方，二手车市场建立时间短、发育不完全、不完善，寻找参照车辆比较困难。

（2）可比因素复杂，即使是同一个生产厂家生产的同一型号产品，同一天登记，但可能由于不同的车主使用，其使用强度、使用条件、维护水平的不同而带来车辆技术状况不同，也会造成二手车评估价值差异。

（3）现行市价法对信息资料的数量和质量要求较高，而且要求评估人员有较丰富的评估经验和评估技巧。

3. 影响因素

（1）二手车交易市场是否活跃，直接影响现行市价评估法的准确性。因为我国很多地方的二手车市场建立时间短、不完善，有些被评估车辆未在交易市场上出现过，这样用现行市价法评估就没有可比性。

（2）被评估车辆是否畅销。对畅销车型进行评估时，参照车辆容易寻找，且参照车辆的一些数据充分可靠。

（3）由于使用条件、维护水平不同，造成车辆技术状况存在不同，这样可能导致二手车评估价值产生差异。

（4）评估人员的从业经验和对车辆技术状况的鉴定能力，也将影响评估的合理性和准确性。

4. 适用范围

现行市价法适用于产权转让的畅销车型评估，如二手车收购、典当等业务。畅销车型的数据充分可靠，市场交易活跃，评估人员能快速且比较合理地进行评估定价。

5. 评估方法及计算公式

运用现行市价法确定单台车辆的价值通常采用直接比较法、类比调整法和成本比率

估价法。

1）直接比较法

直接比较法又称直接市价法，是指在市场上找到与被评估车辆完全相同的车辆的现行市价，并依其价格直接作为被评估车辆评估价格的一种办法。直接比较法的评估公式为

$$P = P'$$

式中：P 为评估值；P'为参照车辆的市场价格。

应用直接比较法有以下两种情况。

（1）参照车辆与被评估二手车完全相同。所谓完全相同是指车辆型号、使用条件和技术状况相同，生产和交易时间相近。这样的参照车辆常见于市场保有量大、交易比较频繁的畅销车型，如普通桑塔纳、捷达等。

（2）参照车辆与被评估车辆相近。这种情况是指参照车辆与被评估车辆类比相同，主参数相同，结构性能相同，只是生产序号不同并只作局部改动，交易时间相同的车辆，也可以近似等同作为评估过程中的参照车辆。这种情况在我国汽车市场上非常多见，很多汽车厂商为了追求车型的变化，给消费者一种新的感受，每年都在原车型的基础上做出一些小的改动，如车身的小变化、内饰配置的变化等。

需要注意的是，运用直接比较法时，被评估对象与参照物直接的差异必须是很小的，其价值量的调整也应很小，并且这些差异对该价值的影响容易直接确定。否则，不宜采用直接比较法进行评估。

2）类比调整法

（1）计算模型。类比调整法又称为类似比较法，是指评估车辆时，在公开市场上找不到与之完全相同，但能找到与之类似的车辆，此时可以作为参照车辆，并根据车辆技术状况和交易条件的差异对价格做出相应调整，进而确定被评估车辆的价格的评估方法。其基本公式为

$$P = P' + P_1 - P_2$$

或

$$P = P' \cdot K$$

式中：P 为评估值；P'为参照车辆的市场价格；P_1 为评估对象比参照车辆优异的价格差额；P_2 为参照车辆比评估对象优异的价格差额；K 为差异调整系数。

（2）评估步骤。运用类比调整法评估二手车价值应按下列步骤进行，如图 3-1 所示。

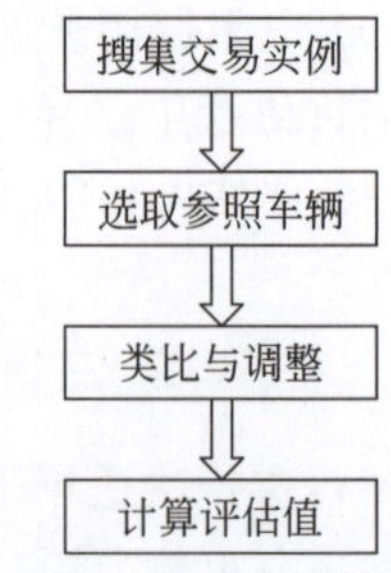

图 3-1　运用类比调整法评估二手车价值的步骤

① 搜集交易实例。运用类比调整法进行评估时，应准确搜集大量交易实例，掌握正常市场价格行情。搜集交易实例应包括下列内容：车辆型号、制造厂家、使用性质、使用年限、行驶里程、实际技术状况、经济环境和市场环境、车辆所处的地理位置、成交数量、成交价格、成交日期、付款方式等。

② 选取参照车辆。根据了解到的被评估二手车资料，按照

可比性原则，从二手车交易市场上寻找可类比的参照车辆，参照车辆的选择应在两辆以上。

有下列情形之一的交易实例，不宜选为参照车辆：有利害关系人之间的交易；急于出售或购买情况下的交易；受债权、债务关系影响的交易；交易双方或一方对市场行情缺乏了解的交易；交易双方或一方有特别偏好的交易；特殊方式的交易；交易税费非正常负担的交易；其他非正常的交易。

车辆的可比因素主要包括以下方面：车辆型号和生产厂家；车辆用途是私家车还是公务车，是乘用车还是商用车等；车辆使用年限和行驶里程；车辆实际技术性能和技术状况；车辆所处地区，由于地区经济发展的不平衡，收入水平存在差别，不同地区的二手车交易市场，同样车辆的价格会有较大的差别；市场状况指的是二手车交易市场处于低迷期还是复苏期、繁荣期，车源丰富还是匮乏，车型涵盖面如何，交易量如何，新车价格趋势如何等；交易的动机和目的指车辆出售是以清偿还是以淘汰转让为目的，买方是获利转手倒卖还是购买自用。不同情况下的交易作价往往有较大的差别；成交数量、单量与成批车辆交易的价格会有一定的差别；成交时间应采用近期成交的车辆作为类比对象。由于国家经济、金融和交通政策及市场供求关系会随时发生一些变化，市场行情也会随之变化，引起二手车价格的波动，通常成交日期与评估时点不宜超过 3 个月。

③ 类比与调整。对被评估二手车和参照车辆直接的差异进行分析、比较，并进行适当的量化后调整可比因素。主要差异及量化方法具体体现在以下方面。

a. 结构性能的差异及量化。汽车型号、结构上的差别都会集中反映在汽车的功能和性能的差别上，功能和性能的差异可通过它们对汽车价格的影响进行估算(量化调整值＝结构性能差异值×成新率)。例如，同类型的汽油车，带 ABS 系统的要贵 3000～5000 元；对营运性汽车而言，主要表现为生产能力、生产效率和运营成本等方面的差异，可利用收益现值法对其进行量化调整。

b. 销售时间的差异与量化。在选择参照车辆时，应尽可能选择评估基准日的成交案例，以免去销售时间差异的量化；若参照车辆的交易时间在评估基准日之前，可采用价格指数法将销售时间差异量化并调整。

c. 新旧程度的差异及量化。被评估二手车与参照车辆在新旧程度上存在一定的差异，要求评估人员能够对二手车做出基本判断，取得被评估二手车和参照车辆的成新率后，以参照车辆的价格乘以被评估二手车与参照车辆的成新率之差，即可得到两者新旧程度的差异量。

新旧程度差异量＝参照车辆价格×(被评估二手车成新率－参照车辆成新率)

d. 销售数量的差异及量化。销售数量的大小、采用何种付款方式均会对二手车成交单价产生影响，针对这两个因素，对于被评估二手车与参照车辆之间的差别应首先了解清楚，然后根据具体情况做出必要的调整。一般来讲，卖主充分考虑货币的时间价值，会以比较低的单价吸引购买者(常为经济人)多买，尽管价格比零售价格低，但可提前收到货币。当被评估二手车市成批量交易时，以单辆汽车作为参照车辆是不合适的；而当被评估二手车只有一辆时，以成批汽车作为参照车辆也不合适。销售数量的不同会造成成交价格的差异，必须对此差异进行分析，适当地调整被评估二手车的价值。

e. 付款方式的差异及量化。在二手车交易中，绝大多数为现款交易，在一些经济活跃的地区，已出现了二手车的银行按揭销售。银行按揭的二手车与一次性付款的二手车价格差异由两部分组成：一是银行的贷款利息，贷款利息按贷款年限确定；二是汽车按揭保险费，各保险公司的汽车按揭保险费率不完全相同，会有一些差异。

④ 计算评估值。将各可比因素差异的调整值以适当的方式加以汇总，并据此对参照车辆的成交价进行调整，从而确定被评估二手车的评估价格。

3）成本比率估价法

（1）成本比率估价法的定义。

成本比率估价法是用二手车的交易价格与重置成本之比来反映二手车的保值程度。这种方法是在评估实践中，通过分析大量二手车市场交易的数据统计，得到同类型车辆的保值率（相反即为贬值率）与其使用年限之间存在基本相同的函数关系。即只要是属于同一类别的车辆（即使实体差异较大），且使用年限相同，那么它们的重置成本与二手车交易价格之比是很接近的。根据这个规律，通过统计分析的方法，建立使用年限与二手车售价及重置成本之间的函数关系，以此来确定在二手车市场上无法找到基本相同或者相似参照物的被评估车辆的评估价。

（2）成本比率估价法的计算方法。参照物市场的交易价格与其重置成本之比称为成本比率，也可称为保值率，用 α 表示。

$$\alpha = \frac{P_0}{B_0} \times 100\%$$

式中：α 为参照物的成本比率或保值率（%）；P_0 为参照物的市场交易价格（元）；B_0 为参照物的重置成本（元）。

求出参照物的 α 值后，就可根据被评估对象的重置成本 B 确定被评估对象的评估值。

$$P = B \times \alpha$$

式中：P 为被评估对象的评估值；B 为被评估车辆的重置成本（元）。

重置成本的确定与重置成本法中所述相同。而成本比率 α 的确定要注意的是，参照物应为同类型的车辆，但级别、型号可以不同。此外，参照物的使用年限应与被评车辆相同，否则评估结果的准确性就要差些。

该方法的内涵是认为同类型的车辆，尽管车辆的型号、级别、生产规模、结构、配置等指标不同，但成本比率的变化规律应该是相同的。如果找出了成本比率的变化规律，而且被评估对象的重置成本又能确定，则可通过计算得出被评估车辆的评估值。

例如，在评估某一品牌型号的微型乘用车时，市场上找不到与之相同或相似的参照物。但能找到其他厂家生产的普通级或中级乘用车作为参照物。且统计数据表明，与被评估车辆使用年限相同的普通级乘用车售价都是其重置成本的 40%～45%，这就可以认为被评估车辆的售价也是其重置成本的 40%～45%。

值得指出的是，这种方法是通过大量市场交易数据统计分析得到的成本比率关系，评估人员必须确定这些数据是否适合被评估对象。目前我国二手车市场在绝大多数地区还不完善，二手车交易量还不大，要准确获得某类车型的成本比率 α 的值有一定困难。所以，评估人员在实际工作中，应该注意积累这些资料，通过统计分析市场数据，找出成本比

率 α 值与使用年限之间的关系，以便在评估中应用。

根据使用年限不同，乘用车类的成本比率 α 值见表3-1。

表3-1　不同年限的乘用车类的成本比率

已使用年限	成本比率 α	已使用年限	成本比率 α
1	0.7327	7	0.3158
2	0.6618	8	0.2733
3	0.5484	9	0.2533
4	0.4992	10	0.1913
5	0.4454	11	0.1495
6	0.3676	12	0.1210

根据这个规律，评估人员可通过大量数据统计分析的方法，建立使用年限与成本比率之间的关系，据此来评估二手车市场上无法找到相同或相似的参照物的被评估车辆。

利用市场上获得的 α 值，可以计算得到市场中的成本比率 α 与使用年限 Y 之间的函数关系。常用的数学方法有线性回归和指数方程，通过线性回归计算可以对统计数据的离散进行分析，以判断数据的精度。但需要涉及数学领域中的对数变换、最小二乘法和偏微分等知识。

用现行市场法进行评估已包含了该车辆的各种贬值因素：实体性贬值、功能性贬值和经济性贬值，这是因为市场价格综合反映了车辆的各种因素。车辆的有形损耗及功能陈旧而造成的贬值，自然会在市场价格中体现出来。经济性贬值主要表现为供求关系的变化对市场价格的影响。因而用现行市价法评估不再专门计算功能性贬值和经济性贬值。经济性贬值和功能性贬值客观上是存在的，但在实际计算的过程中常常无法计算。因此，推荐采用现行市场法，而且国外的评估机构也通常优先采用现行市场法。在我国中等以上城市，特别是经济较发达的地区和城市，一般情况下，每年成交的各种二手车少则几千辆，多则几万辆甚至十几万辆，这为现行市场法的应用奠定了良好的市场条件，通常总能找到成交案例作为市场参考车辆。虽然我国的汽车生产厂家较多，各种品牌林立，规格品种众多，但由于近几年来市场交易活跃，特别是各个城市有较多的经纪公司、置换公司并逐渐形成了各自主营的品牌，大部分车型都有交易案例。因此，评估机构和评估人员应不断收集各种品牌、车型的成交案例，作为各种评估对象参照车辆的资料存档，它是评估人员对市场价格行情的积累。

3.1.2　重置成本法

1. 定义

重置成本法是指在现时市场条件下，用重新购置一辆全新状态的被评估车辆所需的全部成本(重置成本)与被评估车辆的各种贬值总和进行差额的方法。车辆的贬值一般体现在实体性贬值、功能性贬值和经济性贬值上。

2. 特点

用重置成本法评估车辆时，应充分考虑车辆的各方面损耗，反映车辆市场价格的变化，对交易双方来讲都公平合理；确定成新率时，能综合考虑车辆的技术车况和配置以及车辆的使用情况。评估过程有理有据，交易双方对评估结果的信任度较高。但是，评估工作量较大，确定成新率时主观因素影响较大，且对极少数进口车辆，不易查询到现时市场报价，因此很难确定车辆的重置成本。

3. 影响因素

（1）市场价格的影响。

（2）车辆有形损耗的影响。

（3）车辆无形损耗的影响。

（4）外界因素对车辆的影响。

4. 适用范围

重置成本法主要适用于继续使用前提下的二手车评估。它既充分考虑了被评估二手车的重置全价，又考虑了二手车已使用年限内的磨损以及功能性、经济性贬值，因而是一种适应性较强、能被广泛采用的评估方法，尤其在中、高档车辆评估中应用比较广泛。

5. 重置成本法的计算公式

常用的重置成本法计算被评估车辆价值的公式如下。

公式一：评估值＝重置成本－实体性贬值－功能性贬值－经济性贬值。

公式二：评估值＝重置成本×成新率。

一般来讲，公式一优于公式二。因为公式一中不仅扣除了实体性贬值，而且扣除了功能性贬值和经济性贬值。但实际上评估人员在掌握和运用该式时，各项贬值的确定有相当的难度，弹性较大，这在一定程度上影响评估值的准确性。所以，一般在评估时多采用公式二估算。这是因为公式二中的成新率综合了各项贬值，较能反映实际情况，也便于操作。

1）重置成本

重置成本是购买一辆全新的与被评估车辆相同的车辆所支付的最低金额。根据重新购置车辆所用的材料、技术的不同，可把重置成本分为复原重置成本和更新重置成本。

复原重置成本指选用与被评估车辆相同的材料、制造标准、设计结构和技术条件等，以现时价格复原购置相同的全新车辆所需的全部成本，简称复原成本。

更新重置成本指利用新型材料、新技术标准、新设计等，以现时价格购置相同或相似功能的全新车辆所支付的成本，简称更新成本。

一般情况下，在进行重置成本计算时，如果同时可以取得复原成本和更新成本，应选更新成本，如果不存在更新成本，才考虑选用复原成本。

2）车辆的贬值

机动车和其他机械设备一样，其价值也一样，随车辆的使用时间及其他因素的变化而贬值。除了市场价格、供需关系以外，影响车辆价值量变化的因素主要有以下几个方面。

（1）机动车的实体性贬值。实体性贬值也叫有形损耗，是指机动车在存放和使用过程中，由于物理和化学原因而导致车辆的实体发生价值损耗，即由于自然力的作用而发生的损耗。进行交易的车辆，一般都不是全新状态的，因而或多或少都存在实体性贬值。确

定实体性贬值，可通过车辆的新旧程度、部件的损耗程度及车表与内饰部件的磨损程度来判断。如果用损耗率衡量，一辆全新的车辆，其实体性贬值为百分之零，而一辆完全报废的车辆，其实体性贬值为百分之百，处于其他状态下的车辆，其实体性贬值率则位于两者之间。

（2）机动车的功能性贬值。功能性贬值是由于科学技术的发展而导致的车辆贬值，即无形损耗。科学技术的进步会使新的具有同样功能的车辆价格降低而引起原有车辆贬值。

功能性贬值又可以细分为一次性功能贬值和营运性功能贬值。一次性功能贬值是由于科学技术进步引起劳动生产率的提高，现在再生产、制造与原功能相同的车辆的社会必要劳动时间减少、成本降低而造成原车辆的价值贬值。营运性功能性贬值是由于科学技术进步，出现了新的、性能更优越的车辆，致使原有车辆的功能相对新车型已经落后而引起的价值贬值。具体表现为原有车辆在完成相同工作任务的前提下，在燃料、润滑油、配件材料等方面的消耗增加，形成一部分额外的运营成本。

（3）机动车辆的经济性贬值。机动车辆除了经历有形和无形损耗外，还有经济性的贬值。经济性贬值是指由于外部经济环境变化造成的车辆贬值。所谓外部环境，包括宏观经济政策、市场需求、通货膨胀、环境保护等。经济性贬值是由外部环境而不是车辆本身所引起的。外部环境对车辆价值的影响在科技高速发展的今天是不可忽视的，因此在汽车的评估中经济性贬值也占有一定的比例。

3）成新率

成新率是二手车新旧程度的衡量指标，是指二手车的功能或使用价值占全新机动车的功能或使用价值的比率，也可以理解为二手车的现实状况与机动车全新状况的比率。

6. 重置成本的确定方法

汽车交易市场在以车辆所有权转让为目的的二手车交易业务中，对重置成本（无论国产车还是进口车）一律采用国内现行市场价作为被评估车辆的重置成本全价，而对于车辆的运输费、管理费、购置附加费（税）等税费则略去不计。

对于咨询服务类的鉴定估价业务，则与重置成本的确定稍有不同。例如，对企业或所属产权变动的评估业务，如合资、合并、兼并、企业破产清算等经济行为，则应把车辆购置附加费（税）等大额税费计入重置成本中去，而其他小额费用是否计入要视情况而定，主要目的是防止国有资产流失。

重置成本的确定时间应以评估基准日车辆所在地收集到的价格资料为准。

重置成本的计算在资产评估学中有重置核算法、功能系数法、物价指数法和统计分析法等方法。对于二手车评估定价，计算重置成本一般采用重置核算法和物价指数法。

1）重置核算法

重置核算法也称为细节分析法或直接法，它是以现行市价核算被评估车辆的重置成本。即将车辆按成本构成分成若干组成部分，先确定各组成部分的现时价格，然后求和得出待评估车辆的重置全价。其计算公式为

$$重置成本=直接成本+间接成本$$

式中：直接成本为现行市场的购买价格；间接成本为购车时所支付的购置附加税、牌照

费、注册登记手续费、车船使用费、保险费等费用。

使用这种方法的关键是获取市场价格资料，对于大、中城市，车辆市场价格资料的取得比较容易。评估师可直接从市场了解相同或类似车辆现行市场新车的销售价格。但要注意的是，车辆的市场价格，对于不同的制造商或者销售商其售价可能是不同的。根据替代性原则，在同等条件下，评估人员应选择可能获得的最低市场售价。此外，还可从报纸、杂志的广告、厂家提供的产品目录价格表、经销商提供的价格目录、网上查询等渠道获取。但在使用上述价格资料时，要注意数据的有效性和可靠性，这是至关重要的。

在获取上述价格资料时，还应注意以下问题。

(1) 价格的时效性。价格资料和市场信息一般只反映一定时间的价格水平，尤其是机动车价格变化较快、较大，价格稳定期较短。评估时要特别注意价格的时效性，注意所用资料能否反映评估基准日的价格水平。尽可能避免使用一些过时的价格资料。

(2) 价格的地域性。机动车销售价格受交易地点的影响也较大，不同的地区由于市场环境不同，消费水平也有差距，交易条件也不尽相同，所以机动车的售价也不完全一样。评估时，应该使用评估对象所在地的价格资料。若无法获取当地的价格资料，则可参考邻近地区的价格，但要进行价格差的修正。有时，一些县城的机动车价格，比大城市同样车型的价格还要高一些，这些都是正常的，不要主观地认为县、市的机动车价格就一定比大城市的价格低。使用价格资料要实事求是。

(3) 价格的可靠性。评估师有责任对使用的价格资料的可靠性做出判断。一般从网上及其他公共媒体获得的价格资料只能作为参考价格。使用这些资料，评估人员应以审慎的态度进行必要的核实。而从汽车销售市场直接获得的现时价格，可靠性相对较高。

2) 物价指数法

物价指数法也叫价格指数法，是指根据已掌握的历年来的价格指数，在二手车原始成本的基础上，通过现时物价指数确定其重置成本。其计算公式为

$$B = B_y \times \frac{I_1}{I_2}$$

或

$$B = B_y \times (1 + \lambda)$$

式中：B 为车辆重置成本(元)；B_y 为车辆原始成本(元)；I_1 为车辆评估时的物价指数；I_2 为车辆购买时的物价指数；λ 为车辆价格变动指数。

物价指数通常用百分数来表示，以 100% 为基础。当物价指数大于 100% 时，表明物价上涨；物价指数低于 100% 时，表明物价下降。

物价指数又分为定基物价指数和环比物价指数。

(1) 用定基物价指数确定重置成本。定基物价指数是以固定时期为基础的指数，通常也用百分比表示。

(2) 用环比物价指数确定重置成本。环比物价指数是以上一期的物价指数为基期的指数，如果环比期以年为单位，则环比物价指数表示该机动车当年与其前一年的价格变动幅度。通常也用百分比表示。

采用环比物价指数来计算重置成本的公式则改写为

$$B = B_y \times (I_1^0 \times I_2^1 \times I_3^2 \times \cdots \times I_n^{n-1})$$

式中：I_n^{n-1} 为前 $n-1$ 年的环比物价指数。

(3) 运用物价指数法时要注意的问题。

① 一定要先检查被评估车辆的账面购买原价。如果购买原价不准确，则不能用物价指数法。

② 物价指数一定要选用国家权威部门所提供的数据。

③ 如果选用的物价指数与评估基准日之间有一段时间差，评估人员应依据近期内的物价指数变化趋势并结合市场情况的变化予以适当调整。

物价指数法适用于计算车辆重置成本时的人工费、运杂费、管理费等项目。如果被评估车辆是淘汰产品，或是进口车辆，无法取得现行市场价格，则采用指数调整法评估是较现实的选择。

一般来说，物价指数并不能反映技术的先进性。所以，物价指数法不能运用于更新重置成本，也不能提供任何衡量复原重置成本和更新重置成本差异的依据。

7. 陈旧性贬值的估算

1) 实体性贬值

二手车的实体性贬值是由于使用和自然力损耗形成的贬值，也称为有形损耗，其数学公式表达为

$$D_p = B \times \lambda$$

式中：D_p 为车辆实体性贬值(元)；B 为车辆重置成本(元)；λ 为实体性贬值率(或有形损耗率)。

重置成本 B 已经在前面进行了介绍，只要确定实体性贬值率 λ，就可以求得实体性贬值 D_p。确定实体性贬值率 λ 一般可以采取观察法、使用年限法和修复费用法进行估算。

(1) 观察法。观察法也称为成新率法，指二手车评估人员根据自己的专业知识和工作经验，通过对二手车实体各主要部件进行观察及使用仪器测量等方式进行技术鉴定，并综合分析车辆的设计、制造、使用、磨损、维护、维修、大修、改装情况和经济寿命等因素，将评估对象与其全新状态相比较，从而判断被评估汽车的实体性贬值的一种方法。

观察法对二手车技术状况的描述非常简单扼要，为了帮助评估人员更好地掌握二手车实体贬值的评估，下面给出一个参考国家有关评估协会的车辆实体状态与贬值率的直接对应关系，并结合二手车的实际情况而编制的贬值率参数表，见表 3-2，供评估人员学习和理解，或在实际评估工作中参考使用。

表 3-2 贬值率参数表

等　级	车辆状况	贬值率 λ/%
全新	全新车，待出售，尚未使用，状态极佳	0
		5
很好	车辆很新，只轻微使用过，无须任何修理或换件	10
		15

续表

等　级	车 辆 状 况	贬值率 λ/%
良好	半新车辆，但经过维修或更换一些易损件，状态良好，故障率很低，可随时出车使用	20
		25
		30
		35
一般	车辆已陈旧，需要进行某些修理或更换一些零部件，才能恢复原设计性能。在用状况良好，外观中度受损，但恢复情况良好	40
		45
		50
		55
		60
尚可使用	处于可运行状态的二手车，需要大量修理或更换零部件。故障率上升，可靠性下降，外观油漆脱落，锈蚀程度明显，技术状况较差	65
		70
		75
		80
状况不良	经过多次修理的老二手车辆，需大修或更换运动机件或主要结构件后，方可运行	85
		90
报废	除了基本材料的废品回收价值外，已达规定使用年限，车辆已丧失使用功能	95
		100

通过对二手车的简单观察来判断其所处的技术状况及贬值率往往不够准确，其准确性很大程度取决于评估人员的专业水平和实际评估经验。若要提高判断的准确性，可采用专家判断法和德尔菲法。但这两种方法涉及的专家较多，费时、费力、费钱，效率低，不适合二手车的鉴定评估。

(2) 使用年限法。使用年限法又称为寿命比较法或行驶里程法，是从使用寿命的角度来估算车辆实体性贬值率，即通过确定被评估汽车已使用寿命期与该车辆规定使用寿命期来确定二手车实体性贬值或有形损耗。实体性贬值率计算公式为

$$\lambda = \frac{T_1}{T} \times 100\%$$

式中：λ 为实体性贬值率(或有形损耗率)；T_1 为已使用寿命期(年)；T 为规定使用寿命期(年)。

机动车的使用寿命可用时间和行驶里程表示，我国颁布的《汽车报废标准》限定了汽车的使用年限和行驶里程，只要使用达到规定年限或行驶里程，就可以计算出汽车的实体性贬值率，故上面公式中的 T_1 和 T 的单位可以是年，也可以是千米(km)。但是，目前我国的二手车评估中，一般采用年限表示已经使用寿命和规定使用寿命。

(3) 修复费用法。修复费用法也叫功能补偿法，通过确定被评估汽车恢复原有的技术状态和功能所需要的费用补偿，来直接确定二手车的实体性贬值。

2) 功能性贬值

(1) 一次性功能贬值。对目前市场上能够买到的且制造厂家继续生产的全新车辆，

采用市场价，一般即可认为该车辆的功能性贬值已经包含在市场价之中。从理论上讲，同样的车辆其复原重置成本与更新重置成本之差即是该车辆的一次性功能贬值。但在评估操作上，具体计算某车辆的复原重置成本是比较困难的，一般用市场价作为更新重置成本。

若待评估的车辆型号是自然淘汰的或现已停产的车型，则由于没有实际市场价，只能采用参照物的价格用类比法来估算，即采用现行市价法。用类比法对原有车型进行价格评估时，需要注意的是，参照物采用替代型号的车辆，其功能通常比原有车型有所改进和增加，其价格通常会比原有车型的价格高，故与参照物比较的原则是被替代旧型号的车辆价格应低于新型号的价格。评估这类车辆的主要办法是设法取得该车型的市场价或类似车型的市场现价。

（2）营运性功能贬值。测定营运功能贬值的步骤如下。

① 选定参照物，并与参照物对比，找出与营运成本有差别的内容和差别的量值。

② 确定原车辆尚可继续使用的年限。

③ 查明应上缴的所得税率及当前的折现率。

④ 通过计算超额收益或成本降低率，最后计算出营运性陈旧贬值。

3）经济性贬值

经济性贬值是由机动车辆外部因素引起的，其计算公式为

车辆的经济性贬值＝（重置成本－实体性贬值－功能性贬值）×经济性贬值率

外部因素对车辆价格的影响主要有两类：营运成本上升和车辆闲置。

由于造成车辆经济性贬值的外部因素很多，并且由此造成的贬值程度也不尽相同，无法准确量化，所以在评估时只能统筹考虑这些因素。

对于营运车辆，通常采用以下两种方式计算其经济性贬值：一种是利用车辆年收益损失额折现累加计算；另一种是通过车辆利用率的变化来估算。

（1）利用年收益损失额折现累加计算。如果由于外界因素变化，导致车辆营运收益的减少额或投入成本的增加额能够估算出来，则可以直接按车辆继续使用期间每年的收益损失额折现累加，以求得车辆的经济性贬值，用公式表示为

车辆的经济性贬值＝车辆年收益损失额×（1－所得税率）×$(P/A_t,i,n)$

式中：$(P/A_t,i,n)$为年金现值系数；i 为折现率；n 为车辆剩余使用年限（年）。

年收益损失额只能根据外界因素计量，不能把因技术落后等自身因素所造成的收益损失额归于此类。

（2）通过车辆利用率的变化估计。如果由于外部因素的影响，导致车辆的利用率下降，可按照下式估算车辆的经济性贬值率：

$$\text{车辆的经济性贬值率} = \left[1-\left(\frac{A}{B}\right)^x\right]\times 100\%$$

式中：A 为车辆的实际工作量；B 为车辆的正常工作量；x 为规模效应指数，$0<x<1$，x 一般为 0.6～0.7。

当 $A=B/2$ 时，计算的结果说明车辆的运输量与投入成本之间并非呈线性关系。当车辆的运输量降至正常运输量的一半时，其投入成本不会随之降至正常投入成本的一半。

(3) 注意事项。在经济性贬值评估中，一般考虑以下两点。

① 估算的前提。车辆经济性贬值的估算主要以评估基准日以后是否停用、闲置或半闲置作为估算依据。

② 已封存或较长时间停用，在近期内仍将闲置，但今后肯定要继续使用的车辆，最简单的估算方法是按其可能闲置时间的长短及资金成本估算其经济性贬值。

8. 成新率的估算

成新率是反映二手车新旧程度的指标，它和实体性贬值率的关系：成新率＝1－实体性贬值率。

成新率的估算方法通常有以下几种，实际评估中可以根据被评估车辆的客观情况灵活选用不同的成新率。

1）使用年限法

使用年限法是通过确定被评估二手车尚可使用年限与规定使用年限的比值来确定二手车成新率的一种方法。其计算公式为

$$C_y = \frac{Y_g - Y}{Y_g} \times 100\% = \left(1 - \frac{Y}{Y_g}\right) \times 100\%$$

式中：C_y 为使用年限成新率；Y 为二手车实际已使用年限（年或月）；Y_g 为车辆规定的使用年限（年或月）；$Y_g - Y$ 为被评估二手车的尚可使用年限（年或月）。

使用年限法估算二手车的成新率基于这样的假设：二手车在规定的使用寿命期间内，实体性损耗与时间呈线性递增关系，二手车价值的降低与其损耗大小成正比。因此，可利用被评估二手车的实际已使用年限与该车型规定使用年限的比值来判断其实体性贬值率（程度），进而估算被评估二手车的成新率。

利用使用年限法计算得到的成新率实际上反映的是车辆的时间损耗及时间折旧率，与车辆的日常使用强度和车况无关。

如果车辆的日常使用强度较大，在运用已使用年限指标时，应适当乘以一定的系数。例如，对于某些以双班制运行的车辆，其实际使用时间为正常使用时间的两倍，因此该车的已使用年限应该是车辆从开始使用到评估基准日所经历时间的两倍。

2）行驶里程法

行驶里程法是通过确定被评估二手车的尚可行驶里程与规定行驶里程的比值来确定二手车成新率的一种方法。其计算公式为

$$C_s = \frac{S_g - S}{S_g} \times 100\% = \left(1 - \frac{S}{S_g}\right) \times 100\%$$

式中：C_s 为行驶里程成新率；S 为二手车实际累计行驶里程（km）；S_g 为车辆规定的行驶里程（km）。

行驶里程法计算成新率的前提是车辆里程表的记录必须是原始的，不能被人为地更改过。由于里程表容易被人为变更，因此，在实际应用中，较少直接采用此法进行评估。

3）部件鉴定法

(1) 计算方法。部件鉴定法（也称技术鉴定法）是指评估人员在确定二手车各组成部分技术状况的基础上，按其各组成部分对整车的重要性和价值量的大小加权评分，最后确

定成新率的一种办法。

采用部件鉴定法估算二手车成新率的计算公式为

$$C_B = \sum_{i=1}^{n}(C_i \times \beta_i)$$

式中：C_B 为部件鉴定二手车成新率；C_i 为二手车第 i 项部件的成新率；β_i 为二手车第 i 项部件的价值权重。

(2) 计算步骤。此方法的基本步骤如下。

① 先确定二手车各主要总成、部件，再根据各部分制造成本占整车制造成本的比值，确定其权重的百分比 $\beta_i(i=1,2,\cdots,n)$，表 3-3 为汽车各部分的权重参考表。

表 3-3　汽车各部分的权重参考表

序号	车辆各主要总成、部件名称	价值权重/%		
		乘用车	客车	货车
1	发动机及离合器总成	26	27	25
2	变速器及万向传动装置总成	11	10	15
3	前桥、前悬架及转向系统总成	10	10	15
4	后桥及后悬架总成	8	11	15
5	制动系统	6	6	5
6	车架	2	6	6
7	车身	26	20	9
8	电气仪表	7	6	5
9	轮胎	4	4	5
合　计		100	100	100

② 以全新车辆对应的各总成、部件功能为满分(100 分)，功能完全丧失为零分，再根据评估二手车各相应总成、部件的技术状态估算出成新率 $C_i(i=1,2,\cdots,n)$。

③ 将各总成、部件估算出的成新率与权重相乘，得到各总成、部件的权重成新率 $C_i \times \beta_i(i=1,2,\cdots,n)$。

④ 最后将各总成、部件的权重成新率相加，即得出被评估车辆的成新率。

在不同种类、档次的车辆中，各组成部分对整车的重要性及其价值占整车的比重各不相同，有些类型车辆之间相差很大。因此，表 3-3 只能供评估人员参考，不可作为唯一的标准。在实际评估时，应根据评估车辆各部分价值占整车价值的比重，调整各部分的权重。

(3) 特点及使用范围。由上述计算步骤可见，采用部件鉴定法计算加权成新率比较费时、费力，但评估值更接近客观实际，可信度高。它既考虑了二手车的实际损耗，同时也考虑了二手车维修或换件等追加投资使车辆价值发生的变化。这种方法一般用于价值较高的二手车评估。

4) 整车观测法

整车观测法是指评估人员采用人工观察的方法，辅助简单的仪器检测，判定被评估二手车的技术等级，以确定成新率的一种方法。整车观测法观察和检测的技术指标主要包括二手车的现时技术状态、使用时间及行驶里程、主要故障经历及大修情况、整车外观和完整性等。二手车技术状况可参考表3-4。

表3-4 二手车技术状况参考表

车况等级	新旧情况	有形损耗率/%	技术状况描述	成新率/%
1	使用不久	0～10	刚使用不久，行驶里程一般在3万～5万千米，在用状态良好，能按设计要求正常使用	90～100
2	较新车	11～35	使用1年以上，行驶里程在15万千米左右，一般没有经过大修，在用状态良好，故障率低，可随时出车使用	65～89
3	旧车	36～60	使用4～5年，发动机或整车经过大修一次，大修较好地恢复了原设计性能，在用状态良好，外观中度受损，恢复情况良好	40～64
4	老旧二手车	61～85	使用5～8年，发动机或整车经过两次大修，动力性能、经济性能、工作可靠性都有所下降，外观油漆脱落受损、金属件锈蚀程度明显；故障率上升，维修费用、使用费用明显上升，但车辆符合《机动车安全技术条件》要求，在用状态一般较差	15～39
5	待报废车	86～100	基本达到使用年限，按照《机动车安全技术条件》进行检查，能使用但不能正常使用，动力性、经济性、可靠性下降，燃料费、维修费、大修费增长速度快，车辆收益与支出基本持平，排放污染和噪声污染达到极限	15以下

5）综合分析法

（1）估算方法。综合分析法是以使用年限法为基础，综合考虑二手车的实际技术状况，维护保养情况、原车制造质量、二手车用途及使用条件等多种因素对二手车价值的影响，以调整系数形式确定成新率的一种方法，其计算公式为

$$C_F = C_y \times K \times 100\%$$

式中：C_F为综合成新率；C_y为使用年限成新率；K为综合调整系数。

（2）综合调整系数。影响二手车成新率的主要因素有二手车技术状况、二手车维修养护、二手车原始制造质量、二手车用途和使用条件5个方面，可采用表3-5推荐的综合调整系数，用加权平均数的方法进行调整。

根据被评估二手车是否需要进行项目修理或换件维修，综合调整系数有两种确定方法。

① 二手车无须进行项目修理或换件时，可采用表3-5推荐的调整系数，应用下式进行计算。

$$K = K_1 \times 30\% + K_2 \times 25\% + K_3 \times 20\% + K_4 \times 15\% + K_5 \times 10\%$$

式中：K为综合调整系数；K_1为二手车技术状况调整系数；K_2为二手车维护保养调整系数；K_3为二手车原始制造质量调整系数；K_4为二手车用途调整系数；K_5为二手车使用条件调整系数。

② 二手车需要进行项目修理或换件，或需要进行大修时，可采用“一揽子”评估方法，

综合考虑表3-5所列因素的影响。所谓"一揽子"评估办法就是综合考虑修理后对二手车成新率估算值的影响，直接确定一个合理的综合调整系数而进行价值评估的一种方法。采用"一揽子"评估方法后，综合调整系数的确定不再用表3-5进行分别计算。

表3-5　影响因素与调整系数

序号	影响因素	因素分级	调整系数	权重/%
1	技术状况	好	1.0	30
		较好	0.9	
		一般	0.8	
		较差	0.7	
		差	0.6	
2	维护保养	好	1.0	25
		较好	0.9	
		一般	0.8	
		差	0.7	
3	制造质量	进口车	1.0	20
		国产名牌车	0.9	
		国产非名牌车	0.8	
4	车辆用途	私用	1.0	15
		公务、商务	0.9	
		营运	0.7	
5	使用条件	好	1.0	10
		一般	0.9	
		差	0.8	

表中的因素分级和调整系数只是一个参考，实际确定综合调整系数时，应根据具体情况进行适当调整，单个因素的调整系数不要超过1，综合调整系数的计算结果也不能超过1。

(3) 调整系数的选取。

① 二手车技术状况调整系数 K_1。二手车技术状况调整系数是在对车辆技术状况鉴定的基础上对车辆进行分级，然后取调整系数来修正车辆的成新率。技术状况调整系数的取值范围为0.6～1.0，技术状况好的取上限，反之取下限。

② 二手车维护保养调整系数 K_2。维护保养调整系数反映了使用者对车辆使用、维护和保养的水平，不同的是使用者对车辆使用、维护和保养的实际执行差别较大，因而直接影响到车辆的使用寿命和成新率。维护保养调整系数取值范围为0.7～1.0，维护保养好的取上限，反之取下限。

③ 二手车原始制造质量调整系数 K_3。确定该系数时，应了解被评估的二手车是国产车还是进口车，是国产车应了解是名牌产品还是一般产品。一般国家正规手续进口的车辆质量优于国产车辆，名牌产品优于一般产品，但又有较多例外，故在确定此系数时应当慎重。对依法没收领取牌证的走私车辆，其原始制造质量系数建议视同国产名牌产品考虑。原始制造质量系数取值范围为0.8～1.0。

④ 二手车用途调整系数 K_4。二手车用途(或使用性质)不同,其繁忙程度不同,使用强度也不同。一般车辆用途可分为私人工作和生活用车,机关企事业单位的公务和商务用车,从事旅客、货运、城市出租的营运用车。以普通小乘用车为例,一般私人工作和生活用车每年最多行驶 3 万千米;公务、商务用车每年不超过 6 万千米;而营运出租车每年行驶有的高达 15 万千米。可见二手车用途不同,其使用强度差异很大。二手车用途调整系数取值范围为 0.7~1.0,使用强度小的取上限,反之取下限。

⑤ 二手车使用条件调整系数 K_5。我国地域辽阔,各地自然条件差别很大,车辆的使用条件对其成新率影响很大。使用条件可分为道路使用条件和特殊环境使用条件。

a. 道路使用条件。道路使用条件可分为好路、中等路和差路 3 类。

好路指国家道路等级中的高速公路,一、二、三级道路,好路率在 50%以上。

中等路指符合国家道路等级四级的道路,好路率在 30%~50%。

差路指国家等级以外的路,好路率在 30%以下。

b. 特殊环境使用条件。特殊环境使用条件主要指特殊自然条件,包括寒冷、沿海、风沙和山区等地区,车辆使用条件调整系数取值范围为 0.8~1.0。取值时应根据二手车实际使用条件适当选取。如果二手车长期在道路条件为好路和中等路行驶,分别取 1 和 0.9;如果二手车长期在差路或者特殊环境使用条件下工作,其系数取 0.8。

从上述影响因素中可以看出,各影响因素的关联性较大。一般来说,其中某一影响因素加强时,其他影响因素也随之加强;反之则减弱。影响因素作用加强时,其综合调整系数不要随影响作用的加强而无限放大,一般综合调整系数取值不超过 1。

(4) 特点及适用范围。

综合分析法较详细地考虑了影响二手车价值的各种因素,并用一个综合调整系数来调整二手车成新率,评估值的准确度较高,因而适用于具有中等价值的二手车评估。这是目前二手车鉴定评估最常用的方法之一。

6) 综合成新率法

(1) 计算方法。

前面介绍的使用年限法、行驶里程法、部件鉴定法和整车观测法计算二手车成新率只从单一因素考虑了二手车的新旧程度,是不完全也是不完整的。为了全面地反映二手车的新旧状态,可以采用综合成新率法。所谓综合成新率法就是采用定性和定量分析的方法,综合多种单一因素对二手车成新率的估算结果,并分别赋予不同的权重,计算加权平均成新率。这样,就可以尽量减少使用单一因素计算成新率给评估结果带来的误差,因而是一种较为科学的方法。

综合成新率的数学计算公式为

$$C_Z = C_1 \times \alpha_1 + C_2 \times \alpha_2$$

式中:C_Z 为综合成新率;C_1 为二手车理论成新率;C_2 为二手车现场勘查成新率;α_1,α_2 为权重系数,$\alpha_1 + \alpha_2 = 1$。

权重系数的取值要求评估人员根据被评估二手车的实际情况而定。

(2) 二手车理论成新率 C_1。

二手车理论成新率包括使用年限法和行驶里程法计算的成新率,是根据车辆实际使

用的时间和行驶里程计算而得的，是一种对二手车成新率的定量计算，其结果一般不能人为改变。实际计算中，可将使用年限成新率和行驶里程成新率加权平均得到二手车理论成新率。计算公式为

$$C_1 = C_y \times 50\% + C_s \times 50\%$$

式中：C_1 为二手车理论成新率；C_y 为使用年限成新率；C_s 为行驶里程成新率。

(3) 二手车现场勘查成新率 C_2。

二手车现场勘查成新率是评估人员根据现场查看情况而确定的一个综合评价值。具体确定的步骤：评估人员先对二手车进行技术状况现场勘查（包括静态检查和动态检查），得出鉴定评定意见，然后对整车和重要部件分别进行综合评分，累加评分，其结果就是二手车现场勘查成新率。可见二手车现场勘查率是一个定性与定量结合的结果。

① 二手车技术状况现场勘查。被评估二手车技术状况现场勘查的主要内容如下。

a. 车身外观，包括车身颜色、光泽、有无褪色及锈蚀情况，车身是否被碰撞过，车灯是否齐全，前后保险杠是否完整和其他情况等。

b. 车内装饰，包括装潢程度、颜色、清洁程度、仪表及座位是否完整和其他有关装饰情况等。

c. 发动机工作状况，包括发动机动力状况、是否有更换部件（或代替部件）和修复现象，是否有漏油现象等。

d. 底盘，包括是否变形，是否有异响，变速器是否正常，前、后桥状况是否正常，传动系统工作状况是否正常，是否有漏油现象，转向系统和制动系统工作状况是否正常等。

e. 电气系统，包括电源系统、发动机点火器、空调系统和音响系统是否工作正常等。

以上勘查情况，一般由评估委托方或车辆所有单位技术人员签名，确认勘查情况后，评估人员必须对被评估车辆做出勘查鉴定结论。经过整理，就可以编制成如表 3-6 所示的二手车技术状况调查表。

表 3-6　二手车技术状况调查表

评估委托方：×××　　　　评估基准日：××××年××月××日

<table>
<tr><td rowspan="6">车辆基本情况</td><td>明细表序号</td><td>01</td><td>车辆牌号</td><td>××××</td><td colspan="2">厂牌型号</td><td>×××××</td></tr>
<tr><td>生产厂家</td><td colspan="2">×××××</td><td>已行驶里程</td><td>××km</td><td>规定行驶里程</td><td></td></tr>
<tr><td>购置日期</td><td></td><td>登记日期</td><td></td><td colspan="2">规定使用年限</td><td></td></tr>
<tr><td>大修情况</td><td colspan="6"></td></tr>
<tr><td>改装情况</td><td colspan="6"></td></tr>
<tr><td>耗油量</td><td></td><td>是否达到环保要求</td><td></td><td colspan="2">事故次数及情况</td><td></td></tr>
</table>

续表

<table>
<tr><td colspan="14">现场勘探情况</td></tr>
<tr><td rowspan="12">车辆实际技术状况</td><td rowspan="3">外形车身部分</td><td>颜色</td><td></td><td>光泽</td><td></td><td colspan="2">褪色</td><td colspan="2"></td><td colspan="2">锈蚀</td><td colspan="2"></td></tr>
<tr><td>是否被碰撞</td><td></td><td>严重程度</td><td></td><td colspan="2">修复</td><td colspan="2"></td><td colspan="2">车灯是否齐全</td><td colspan="2"></td></tr>
<tr><td>前、后保险杠是否完整</td><td></td><td colspan="10">其他</td></tr>
<tr><td rowspan="2">车内装饰部分</td><td>装潢程度</td><td></td><td>颜色</td><td></td><td colspan="2">清洁</td><td colspan="2"></td><td colspan="2">仪表是否齐全</td><td colspan="2"></td></tr>
<tr><td>座位是否完整</td><td></td><td colspan="10">其他</td></tr>
<tr><td rowspan="4">发动机总成</td><td>动力状况评分</td><td></td><td>是否更换部件</td><td colspan="5"></td><td colspan="2">是否替代部件</td><td colspan="2"></td></tr>
<tr><td>漏油现象</td><td colspan="11">严重□ 一般□ 轻微□ 无□</td></tr>
<tr><td>是否变形</td><td></td><td>是否有异响</td><td colspan="2"></td><td>变速器状况</td><td colspan="6"></td></tr>
<tr><td>前桥情况</td><td></td><td>传动系统状况</td><td colspan="2"></td><td>漏油现象</td><td colspan="6">严重□ 一般□
轻微□ 无□</td></tr>
<tr><td>底盘各部分</td><td>转向系统情况</td><td colspan="4"></td><td>制动系统情况</td><td colspan="6"></td></tr>
<tr><td rowspan="2">电气系统</td><td>电源系统工作是否正常</td><td></td><td>发动机点火系统是否工作正常</td><td colspan="2"></td><td>空调系统是否有效</td><td colspan="3"></td><td colspan="2">音响系统是否正常</td><td></td></tr>
<tr><td colspan="12">其他</td></tr>
<tr><td colspan="4">鉴定意见</td><td colspan="10"></td></tr>
</table>

资产占有单位人员签字：　　　　　　　　　　评估人员签字：

② 二手车现场勘查成新率。

在上述对二手车进行技术状况现场勘查的基础上，对整车和重要部件进行定性分析，并以评分形式予以量化，可参考表 3-7，总分就是二手车现场勘查成新率。

9. 重置成本法的评估步骤

用重置成本法成新率模型评估二手车价值，可按图 3-2 所示步骤进行。

表 3-7　二手车现场勘查成新率

序号	项 目 名 称	达标程度	参考标准分	评分
1	整车(满分 20 分)	全新	20	15
		良好	15	
		较差	5	
2	车架(满分 15 分)	全新	15	12
		一般	7	
3	前后桥(满分 15 分)	全新	15	12
		一般	7	
4	发动机(满分 30 分)	全新	30	28
		轻度磨损	25	
		中度磨损	17	
		重度磨损	5	
5	变速器(满分 10 分)	全新	10	8
		轻度磨损	8	
		中度磨损	6	
		重度磨损	2	
6	转向及制动系统(满分 10 分)	全新	10	8
		轻度磨损	8	
		中度磨损	5	
		重度磨损	2	
总分(现场勘查成新率/%)			100	83

1) 确定重置成本

重置成本是被评估车辆在评估基准日时的全新车辆价格(包括上牌的各种税费),一般通过市场询价取得,市场询价从新车生产厂家、经销商、各种媒体取得,它是评估的第一步,价格资料、技术资料确定的准确性直接关系到评估结论的正确性。

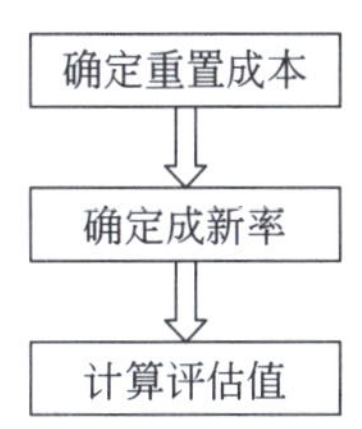

图 3-2　重置成本法评估二手车价值的步骤

2) 确定成新率

确定成新率是重置成本法运用中的难点,评估人员在现场勘查的基础上,认真填好评估勘查作业表格,详细鉴定车况,确定成新率。

3) 计算评估值

采用重置成本法的公式计算评估值。

3.1.3　收益现值法

1. 定义

收益现值法是指估算被评估车辆在剩余寿命期内的预期收益,并折现为评估基准日的现值,即为二手车的评估值。

2. 特点

用收益现值法评估车辆时，一般与投资决策相结合，容易被二手车买卖双方接受；同时，评估值能比较准确地反映车辆本金化的价格。但是，预期收益额的预测难度大，受买卖双方主观判断和未来不可预见因素的影响较大。

3. 影响因素

(1) 被评估车辆继续运营和获利的能力。

(2) 被评估车辆预期获利年限及预期收益的预测值。

(3) 被评估车辆在剩余寿命期内所担风险的预测值。

4. 适用范围

收益现值法确定的二手车评估值依赖于未来预期收益。二手车评估的前提是车辆必须能投入使用，且在剩余寿命期内能连续获利。因此，收益现值法适用于投资营运车辆的评估。

5. 评估方法及计算公式

收益现值法评估的计算，实际上就是对被评估车辆未来预期收益进行折现的过程。被评估车辆的评估值等于剩余寿命期内各个收益期的收益现值之和，其基本计算公式为

$$P=\sum_{t=1}^{n}\frac{A_t}{(1+i)^t}=\frac{A_1}{(1+i)^1}+\frac{A_2}{(1+i)^2}+\cdots+\frac{A_n}{(1+i)^n}$$

式中：P 为评估值；A_t 为未来第 t 个收益期的预期收益额，二手车的收益期是有限的，A_t 中还包括收益期末车辆的残值，但一般估算会把残值忽略不计；n 为收益年限，即二手车的剩余使用年限；i 为折现率；t 为收益期，一般以年计。

当 $A_1=A_2=\cdots=A_n=A$ 时，即未来收益分别相同且为 A 时，则有

$$P=A\cdot\left[\frac{1}{1+i}+\frac{1}{(1+i)^2}+\cdots+\frac{1}{(1+i)^n}\right]=A\cdot\frac{(1+i)^n-1}{i(1+i)^n}$$

即

$$P=A\cdot(P/A,i,n)$$

式中：$\frac{1}{(1+i)^n}$为第 n 个收益期的现值系数；$\frac{(1+i)^n-1}{i(1+i)^n}$为年金现值系数，简写为$(P/A,i,n)$，可通过计算或查表得到。

1) 预期收益额的确定

在运用收益现值法中，收益额的确定是关键。收益额是指由被评估对象在使用过程中产生的超出其自身价值的盈余额，其计算公式为

年收益额＝(年总收入－年总支出)×(1－所得税率)

在确定年收益额时，应考虑以下两点。

(1) 收益额指的是车辆使用带来的未来收益期望值，是通过预测分析获得的。无论对于所有者还是购买者，判断某车辆是否有价值，首先应判断该车辆是否带来收益。对其收入的判断，不仅看现成的收益能力，更重要的是预期未来的收益能力。

(2) 收益额的构成，以企业为例，目前有几种观点：企业所得税后利润；企业所得税后

利润与提取折旧额之和扣除投资额;利润总额。

选择哪一种作为收益额,要针对二手车的评估特点与评估目的而定。为估算方便,推荐选择第一个观点,目的是准确反映预期收益额。为避免计算错误,可列出车辆在剩余寿命期内的现金流量表。

2)折现率的确定

收益现值法中折现率 i 的确定也是一个比较棘手的问题。折现率 i 必须谨慎确定,折现率的微小变化会给评估值带来较大的影响。确定折现率不仅要有定性分析,更重要的是有定量确定的方法。

(1)折现率 i 的定义。

折现率是指未来预期收益折算成现值的比率,是换算车辆现值与预期收益的有效工具。

由于资金具有时间价值,一定数额的收益,发生在不同的事情,具有不同的价值。未来的一定量收益和现在同样量的收益,在价值上是不等的。一般来说,未来某一定量收益只能和现在某一个小于它的收益量在价值上相等。因此,收益必须和时间结合起来,才能真正反映二手车的价值。

(2)折现率 i 的确定原则。

确定折现率时,应遵循如下4个方面的原则。

① 折现率应高于无风险利率。无风险利率也称安全利率,是指投资者在不冒风险的情况下,就可以长期而稳定地获得投资收益的利率。显然投资者在选择投资方式时,只有在资产的期望收益率高于无风险利率时,才有可能实施其投资行为。即只有在体现投资收益率的折现率高于无风险利率时,投资者才会实施其投资计划。

② 折现率应体现投资回报率。折现率就是经验丰富的投资者对待评估资产进行投资所需获得的回报率。评估中的折现率反映的是资产期望的收益率,由于收益率是与投资风险成正比的,风险大,收益率就高;反之,收益率就低。例如,将资金存入银行或购买国债,风险很小,但利率很低,收益就小。若将资金投向股市、房地产市场,风险较大,收益率也高。因此,折现率反映的是应对某一风险状态下该资产的期望投资回报率,或称期望报酬率。

③ 折现率要能体现资产收益风险。某项资产未来收益的不确定性就是资产的收益风险,这种不确定性往往会给投资者带来难以估计的后果。两项资产未来能创造等量的收益,但它们可能承担的风险会不一样,这与资产的使用者使用资产时的使用条件、使用环境、用途、使用技巧、管理水平等密切相关,对这两项资产的评估当然应采取不同的折现率,才能得到比较切合实际的评估结果。由此可以看出,折现率是管理的报酬,有别于资金存入银行的存款利率报酬。这也体现了高风险、高回报的市场法则。因此,折现率的选取应体现资产收益风险。

④ 折现率应与收益口径匹配。在使用资金这一指标时,要充分考虑年收益率计算口径与资金收益额计算口径的一致性。若不一致,会影响评估结果的合理性。

在采取收益现值法时,由于评估的目的不同,收益额计算可以有不同的口径。如收益额用净利润、净现金流量等,而折现率则既有按不同口径的收益额为分子计算的折现率,

也有按统一口径的收益额为分子，而以不同口径投资额计算的折现率。因此，针对不同收益额进行评估时，应注意收益额与折现率之间结构与口径的匹配和协调，以保证评估结果的合理性。

(3) 折现率的构成。

折现率也称预期报酬率、回报率、收益率，这些称谓在二手车评估中都出现过。折现率是根据资金的时间价值这一特性，按复利计息原理把未来一定时期的预期收益折合成现值的一种比率。折现率是收益现值法评估中的一个关键性指标。从其构成上看，评估中的折现率由两部分构成：一部分是无风险报酬率；另一部分是风险报酬率。用公式表示为

$$i = i_1 + i_2$$

式中：i_1为无风险报酬率；i_2 为风险报酬率。

如果风险报酬率中不包含通货膨胀，那么折现率还包括通货膨胀率，则公式将成为

$$i = i_1 + i_2 + i_3$$

式中：i_1，i_2 为无风险报酬率和风险报酬率；i_3 为通货膨胀率。

① 无风险报酬率 i_1 的选取。

目前，我国的资产评估通常以银行定期存款利率为安全利率，也有以国债利率作为无风险报酬率的参量标准。国际上普遍以往期国债利率为安全利率。如美国就是以 30 年国债利率作为安全利率的。在我国，由于国债市场发展中还存在一些问题，一般不能简单照搬西方的做法。因为我国的国债利率并不能完全由市场供求关系来决定，其利率稍高于同期银行存款利率，目前则大致与银行同期存款利率持平，但国债利率不缴纳 20%的所得税，实际还是比银行同期存款利率高。而我国银行存款利率是根据市场需求制定的，反映了市场供求和投资收益的基本情况，故在当前的资产评估中，多采用银行定期存款利率作为安全利率，即无风险报酬率。因此，目前在二手车评估中，建议采用我国银行 5 年期定期存款利率作为无风险报酬率。

② 风险报酬率 i_2 的选取。

风险报酬率的确定比较复杂。风险报酬率是指冒风险投资所得的风险补偿额与风险投资额的比率。风险必须付出代价，人们把这一代价称为风险补偿或风险报酬。

风险报酬率可通过计算获得，计算方法有累加法、股息增长模型法、资本资产定价模型法等，下面介绍累加法。

累加法是将确定了的主要风险因素所应获得的报酬率累加后得到的风险报酬率。此方法比较主观，但它能直接反映伴随各主要风险而应得到的风险报酬。该方法列出了各风险的组成，并标示出了对应风险能取得的风险报酬率，见表 3-8，将其累加即为期望的风险报酬率。

表 3-8 风险报酬率

风险组成	通货膨胀	市场风险	购买力风险	经营风险	利率风险	总的期望风险报酬率
风险报酬率/%	2.4	3.0	3.6	5.0	1.0	15

因为累加法分别给出了各种风险，并且直观地反映了各种风险补偿的个人期望值。

所以累加法看起来比较吸引人，但是，要精确地对表中各项风险补偿的期望报酬率进行量化是非常困难的。由于累加法在确定各种风险补偿因素时具有主观性，故在使用时要慎重对待。

3.1.4　清算价格法

1. 定义

清算价格法是以清算价格为依据，对二手车价格进行评估的一种方法，即指企业在停产或破产后，在一定期限内将车辆拍卖而得到的变现价格。

2. 特点

用清算价格法评估车辆价格时，具有以下特点。

(1) 预评估车辆时，应附有企业破产文件或抵押合同及其他有效法律文件。

(2) 预评估车辆时，可以快速出售变现。

3. 影响因素

在二手车评估中，影响清算价格的主要因素有以下几个。

(1) 破产形式。

如果企业丧失车辆的处置权，那么卖方无讨价还价的可能，就以买方出价作为车辆的售价；如果企业未丧失处置权，那么卖方仍有讨价还价的余地，就以双方议价作为售价。

(2) 债权人处置车辆的方式。

如果债权人以拍卖的方式处理车辆，价格取决于拍卖市场中的价格。若债权人在抵押合同中规定车辆收归己有，则车辆的实现价值等于抵押合同签订时的评估价格。

(3) 拍卖时限。

一般情况下，若规定的拍卖时限长，售价就会高些；若规定时限短，则售价就会低些。这是由资产快速变现原则的作用决定的。

(4) 车辆清理费用。

在企业破产等情况下评估车辆价格时，应对车辆清理费用及其他费用给予充分考虑。

(5) 车辆现行市价。

车辆现行市价是指车辆交易成交时，使交易双方都满意的公平市价。

(6) 参照车辆价格。

参照车辆价格是指与被拍卖车辆相同或类似的交易车辆的现行价格，若参照车辆价格高，则被拍卖车辆通常也会高。

4. 适用范围

清算价格法一般适用于企业被迫停产或破产、资产抵押、停业清理等情况下，急于将车辆拍卖、出售时车辆价格的评估。清算价格法评估的车辆价格往往低于现行市场价格。

5. 评估方法及计算公式

用清算价格法确定二手车价格时，主要有3种方法：现行市价折扣法、模拟拍卖法和竞价法。

1）现行市价折扣法

首先在市场上找到参照车辆，然后根据市场调查和快速变现原则，确定一个合适的折扣率，再确定二手车的评估价格，其计算公式为

$$P = P' \times \gamma$$

式中：P'为参照车辆交易价格（元）；γ为折扣率（%）。

2）模拟拍卖法

模拟拍卖法是通过向被评估车辆的潜在购买者询价，以此来获得市场信息，最后经评估人员分析确定其价格的一种方法，也称意向询价法。

模拟拍卖法确定的清算结果受供需关系影响很大，要充分考虑其影响的程度。

3）竞价法

竞价法是由法院按照破产清算的法定程序或由卖方根据评估结果提出的一个拍卖的底价，然后在公开市场或拍卖会上，由买方竞争出价，谁出的价高就卖给谁。

6. 清算价格法的评估步骤

1）用其他评估方法确定评估底价

采用清算价格法时，一般采用市场比较法、重置成本法和收益现值法或综合运用几种方法来确定被评估车辆的评估底价。

采用重置成本法确定被评估车辆评估底价的方法是先确定重置成本，再计算成新率，最后确定评估值，即被评估车辆的评估底价。

2）根据相关因素确定折扣率

影响折扣率（或快速变现系数）大小的因素有以下 3 个。

(1) 被评估的车辆市场接受类型是通用车型还是专用车型，例如运钞车就比一般的小客车难以变现。

(2) 要综合考虑车辆的欠费情况，欠费较多的车辆只能用来拆零出售，价格相对较低。

(3) 拍卖时限。变现时间的长短影响变现系数：变现时间短，折扣率（或快速变现系数）就较低。

清算价格法虽然在运用时受许多条件的制约，但在实际运用中常利用其快速变现的特点，在确定评估拍卖底价时常运用其原理。只不过在评估报告中说明采用评估方法时应考虑规避风险，用重置成本法和市场比较法结合快速变现的因素进行描述，不直接运用清算价格法。

3）确定被评估车辆的清算价格

被评估车辆的清算价格公式为

被评估车辆的清算价格＝评估底价×折扣率（或快速变现系数）

3.1.5 成本折旧法

1. 定义

成本折旧法确定的是被评估车辆在预计的使用年限内由于时间的推移而逐渐转移的

价值。企业一般根据这部分价值逐年从产品销售收入中提取一部分存入建立的车辆折旧基金中，用于当二手车不能使用或不再使用时购置新的车辆，实现车辆的更新。

2. 特点

成本折旧法按计算方法的不同分为等速折旧法和加速折旧法两种。

等速折旧法是将二手车的转移价值平均摊配于使用年限中，它的优点是计算简单，容易理解。但是，这种方法没有考虑车辆在各个使用年度中使用成本的摊配比例，也没有考虑车辆在各个使用年度中无形损耗（功能性贬值和经济性贬值）的摊配比例。

加速折旧法克服了等速折旧法的不足，充分考虑了各使用年度二手车摊配的使用成本，同时也反映了由于技术进步带来的价值损耗情况。

3. 影响因素

（1）计算方法的选择。

（2）被评估车辆折旧年限的确定。

（3）被评估车辆的技术状况。

4. 适用范围

由于成本折旧法采用经济使用年限评估车辆价值，计算的二手车剩余价值相对较小，这对二手车买方来说比较有利，减少了买方风险，因此，成本折旧评估法适用于二手车的收购。

5. 评估方法及计算公式

用成本折旧法评估二手车时，不但要计算二手车已使用年数的累计折旧额，还要考虑二手车某些功能完全丧失、需要维修和换件而发生的维修费用。所以二手车评估值的计算公式为

$$P = P' - \sum A - \sum B$$

式中：P 为二手车评估值（元）；P' 为重置成本全价（元）；$\sum A$ 为折旧总额（元）；$\sum B$ 为维修费用总额（元）。

说明：式中采用重置成本全价而不采用二手车原值，主要是考虑了其他因素给二手车带来的贬值（如功能性贬值和经济性贬值）。维修费用是指车辆在现状下，某些功能完全丧失，需要维修和换件的费用。

1）用等速折旧法计算折旧总额

等速折旧法也称年限平均法，是用车辆的总值（车辆原值减去残值）除以车辆使用年限，以求得每年平均折旧额的方法。计算公式为

$$A = \frac{D - K}{N}$$

折旧总额为

$$\sum A = A \times N$$

式中：A 为年平均折旧额（元）；D 为车辆的原值（元）；K 为车辆的残值（元）；N 为车辆使

用年限(年)。

说明：等速折旧法一般用于使用强度比较平均，且各期所取得的收入差距不大的二手车评估。在评估时，车辆的残值有时忽略不计。

2) 用加速折旧法计算折旧总额

加速折旧法也称递减折旧法，是指汽车使用早期折旧多，而在使用后期折旧少的一种方法，其计算方法有两种：年份数求和折旧法和双倍余额递减折旧法。

(1) 年份数求和折旧法。

年份数求和折旧法是指每年的折旧额可用车辆原值减去残值的差额乘以逐年递减系数来确定折旧额。其计算公式为

$$A_n = (D - K) \times \gamma_n$$

$$\gamma_n = \frac{N + 1 - T}{\frac{N(N+1)}{2}}$$

式中：A_n 为第 n 年二手车年折旧额(元)；D 为二手车原值(元)；K 为二手车残值(元)；γ_n 为递减系数；N 为规定使用年限(年)；T 为已使用的总月份折算成的年度数(年)。

说明：递减系数的分子是预计使用年限减去已使用年限的差值；分母是预计可使用年限逐年使用年数的总和。递减系数是一个递减值，即每年递减系数的分母均相等，分子大小随剩余使用年限的减少而减小。

(2) 双倍余额递减折旧法。

双倍余额递减折旧法是根据每年年初二手车剩余价值和双倍等速折旧率计算二手车折旧的一种方法，其计算公式为

$$\gamma = \frac{2}{N} \times 100\%$$

$$A_n = P_{n-1} \times \gamma$$

式中：A_n 为第 n 年二手车年折旧额(元)；P_{n-1} 为第 n 年年初二手车剩余总价值(元)；N 为二手车预计使用年限(元)；γ 为双倍等速折旧率(%)。

说明：二手车年初剩余价值的计算规律：第一年年初，二手车剩余价值为二手车原值 P_0；第二年年初，二手车剩余价值为 $P_1 = P_0 - A_1$；第三年年初，二手车剩余价值为 $P_2 = P_1 - A_2$；以此类推，即 $P_n = P_0(1-\gamma)^n$。

3.1.6 二手车评估方法的选择

1. 重置成本法与收益现值法

重置成本法与收益现值法的区别在于：前者是历史过程，后者是预期过程。重置成本法比较侧重对车辆过去使用状况的分析。尽管重置成本法中的更新重置成本是现时价格，但重置成本法中的其他许多因素都是基于对历史的分析，再加上与现时的比较后得出结论的。例如，实体性贬值就是基于被评估车辆的已使用年限和使用强度等来确定的。由此可见，如果没有对评估车辆的历史判断和记录，那么运用重置成本法评估车辆的价值是不可能的。

与重置成本法相比，收益现值法的评估要素完全是基于对未来的分析。收益现值法不必考虑被评估车辆过去的情况怎样，即收益现值法从不把被评估车辆的已使用年限和使用程度作为评估基础。收益现值法考虑和侧重的是被评估对象未来能给投资者带来多少收益。预期收益的测定是收益现值法的基础。一般而言，预期收益越大，车辆的价值越大。

2. 重置成本法与现行市价法

从理论上讲，重置成本法也是一种比较方法。它是将被评估车辆与全新车辆进行比较的过程，而且这里的比较更侧重于性能方面。例如，评估一辆二手车时，首先要考虑重新购置一台全新车辆需要花费的成本，同时还需进一步考虑二手车的陈旧状况、功能和技术情况。只有充分考虑一系列因素后，才可能给二手车定价。而上述过程都涉及与全新车辆的比较，否则就无法确定二手车的价格。

与重置成本法比较，现行市价法的出发点更多地表现在价格上。由于现行市价法比较侧重价格分析，因此对现行市价法的运用便十分强调市场化程度。如果市场很活跃，参照车辆很容易取得，那么运用现行市价法所取的结论就会更可靠。现行市价法的这种比较性，相对于重置成本法而言，其条件更为广泛。

运用重置成本法时，也许只需有一个或几个类似的参照车辆即可。但是运用现行市价法时，必须有更多的市场数据。如果只取得某一数据作比较，那么现行市价法所做的结论将受到怀疑。

3. 收益现值法与现行市价法

如果说收益现值法与现行市价法存在某种联系，那么这一联系就是现行市价法与收益现值法的结合。把现行市价法和收益现值法结合起来评估车辆的价值，在二手车市场交易发达的国家应用得相当普遍。

从评估观点看，收益现值法中任何参数的确定都具有人的主观性。因为预期收益、折现率等都是不可知的参数，也容易引起争议。但是这些参数在运用收益现值法评估车辆价值时必须明确，否则收益现值法就不能使用。然而，一旦从估计上来考虑收益现值法中的参数，那么这就涉及估计依据问题。对这样的问题，在市场发达的地方，解决的方式是寻求参照车辆，通过选择参照车辆，进一步计量其收益折现率及预期年限，然后将这些参照车辆数据比较有效地运用到被评估车辆上，以确定车辆的价值。

把收益现值法和现行市价法结合起来使用，其目的在于降低评估过程中的人为因素影响，更好地反映客观实际，从而使车辆的评估更能体现市场观点。

4. 价格清算法与现行市价法

价格清算法与现行市价法都是基于现行市场价格确定车辆价格的方法。不同的是，利用现行市价法确定的车辆价格，如果被出售者接受，而不被购买者接受，出售者有权拒绝交易。但利用清算价格法确定的清算价格，若不能被买方接受，清算价格就失去意义。这就使得利用清算价格进行的评估，完全是一种站在购买方立场上的评估，在某种程度上，被认为是一种取悦购买方的评估。

3.2 二手车鉴定评估标准及单证

3.2.1 二手车鉴定评估标准

为了规范二手车鉴定评估行为，营造公平、公正的二手车消费环境，保护消费者合法权益，促进汽车市场健康发展，2013 年 12 月 31 日，我国国家质检总局、国家标准委正式发布了《二手车鉴定评估技术规范》(GB/T 30323—2013)，并于 2014 年 6 月 1 日起正式实施。作为中国二手车车辆评估的首个国家标准，有助于将被掩盖的二手车辆技术状况透明化，从而全面解决二手车市场信息不透明问题，保护消费者合法权益。

《二手车鉴定评估技术规范》(GB/T 30323—2013)主要包括如下内容：二手车鉴定评估机构条件和要求；二手车鉴定评估程序。

1）二手车鉴定评估作业流程

二手车鉴定评估机构开展二手车鉴定评估经营活动的流程作业。二手车经销、拍卖、经纪等企业开展业务涉及二手车鉴定评估活动的有关内容和顺序作业，即查验可交易车辆、登记基本信息、判别事故车、鉴定技术状况。

2）受理鉴定评估

了解委托方及其车辆的基本情况，明确委托方要求，主要包括委托方要求的评估目的、评估基准日、期望完成评估的时间等。

3）查验可交易车辆

查验机动车登记证书、行驶证、有效机动车安全技术检验合格标志、车辆购置税完税证明、车船使用税缴付凭证、车辆保险单等法定证明、凭证是否齐全，如发现上述法定证明、凭证不全或检查项目任何一项判别为“N”的车辆，应告知委托方，不需继续进行技术鉴定和价值评估(司法机关委托等特殊要求的除外)。

4）签订委托书

对相关证照齐全、检查项目全部判别为“Y”的，或者司法机关委托等特殊要求的车辆，签署二手车鉴定评估委托书。

5）登记基本信息

登记车辆使用性质信息，明确营运与非营运车辆；登记车辆基本情况信息，包括车辆类别、名称、型号、生产厂家、初次登记日期、表征行驶里程等。

6）判别事故车

使用漆面厚度检测设备配合对车体结构部件进行检测；使用车辆结构尺寸检测工具或设备检测车体左右对称性；参照附录中的附图二和附表二要求检查车辆外观，判别车辆是否发生过碰撞、火烧，确定车体结构是完好无损或者有事故痕迹；根据附录中的附表三对车体状态进行缺陷描述。

7）鉴定车辆技术状况

按照车身、发动机舱、驾驶舱、启动、路试、底盘等项目顺序检查车辆技术状况。

根据检查结果确定车辆技术状况的分值，根据鉴定分值确定车辆对应的技术等级。

8）评估车辆价值

估值方法选用原则如下。

（1）一般情况下，推荐选用现行市价法；在无参照物、无法使用现行市价法的情况下，选用重置成本法。

（2）根据车辆有关情况，确立估值方法，并对车辆价值进行估算。

9）撰写并出具鉴定评估报告

根据车辆技术状况鉴定等级和价值评估结果等情况，按照要求撰写《二手车鉴定评估报告》，做到内容完整、客观、准确，书写工整。

按委托书要求及时向客户出具《二手车鉴定评估报告》，并由鉴定评估人与复核人签章、鉴定评估机构加盖公章。

10）归档工作底稿

将《二手车鉴定评估报告》及其附件与工作底稿独立汇编成册，存档备查。档案保存一般不低于 5 年；鉴定评估目的涉及财产纠纷的，其档案至少应当保存 10 年；法律法规另有规定的，从其规定。

《二手车鉴定评估技术规范》(GB/T 30323—2013)中包含四个示范文本：二手车鉴定评估作业表、二手车技术状况表、二手车鉴定评估委托书、二手车鉴定评估报告。

《二手车鉴定评估技术规范》(GB/T 30323—2013)源文件见附录。

3.2.2　二手车交易手续单证样张

1. 个人用户

1）身份证

个人用户身份证如图 3-3 所示。

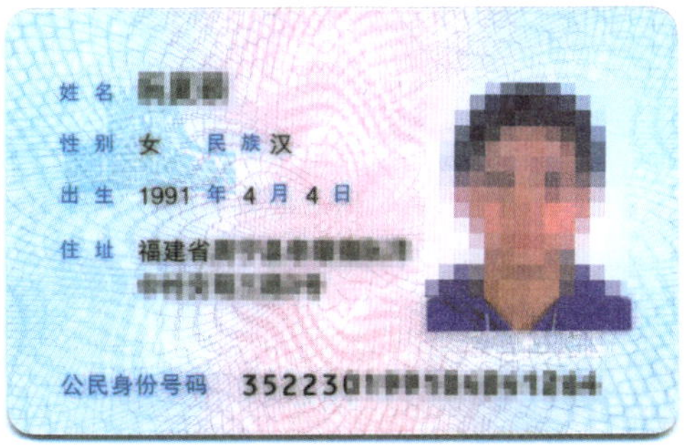

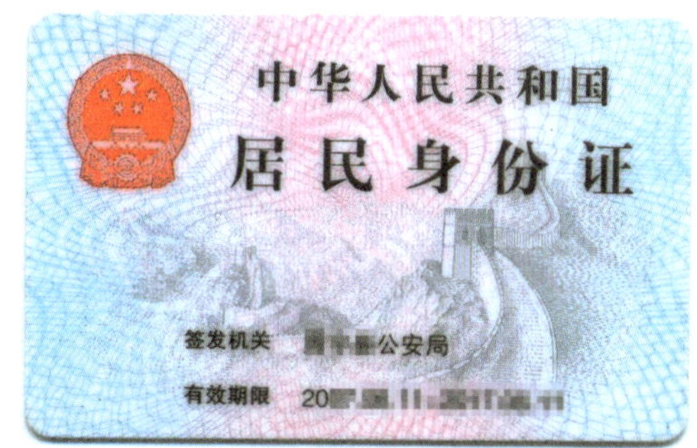

图 3-3　身份证

2）车辆购置税完税证明

车辆购置税完税证明样张如图 3-4 所示。

3）机动车行驶证

机动车行驶证样张如图 3-5 所示。

图 3-4　车辆购置税完税证明样张

图 3-5　机动车行驶证样张

4）机动车登记证书

机动车登记证书样张如图 3-6 所示。

图 3-6　机动车登记证书样张

5）机动车环保检验合格标志

机动车环保检验合格标志样张如图 3-7 所示。

图 3-7　机动车环保检验合格标志样张

6）机动车检验合格标志、强制保险标志

机动车检验合格标志、强制保险标志样张如图 3-8 所示。

图 3-8　机动车检验合格标志、强制保险标志样张

7）机动车辆保险发票

机动车辆保险发票样张如图 3-9 所示。

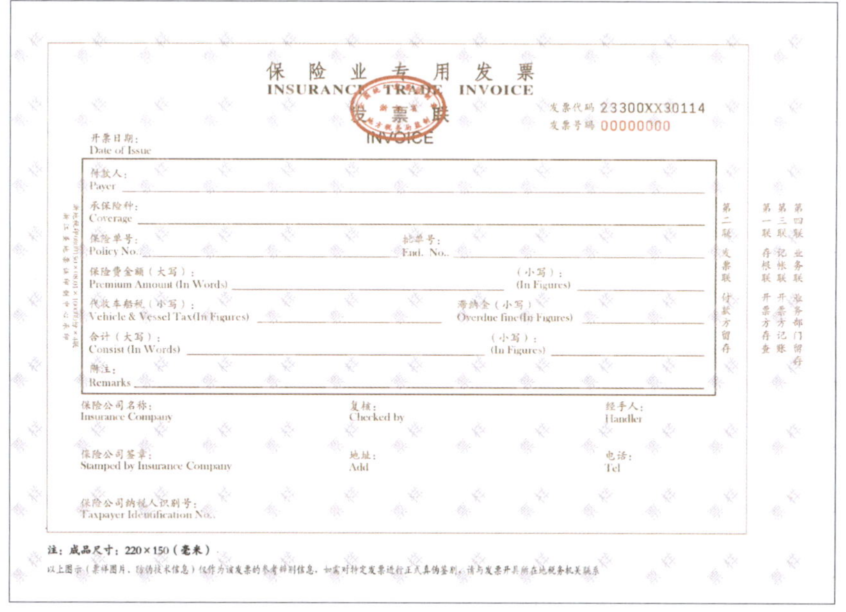

保 险 业 专 用 发 票
INSURANCE TRADE INVOICE
发 票 联
INVOICE

发票代码 23300XX30114
发票号码 00000000

开票日期:
Date of Issue

付款人:
Payer

承保险种:
Coverage

保险单号:
Policy No.　　批单号:
End. No.

保险费金额（大写）:
Premium Amount (In Words)　　（小写）:
(In Figures)

代收车船税（小写）:
Vehicle & Vessel Tax(In Figures)　　滞纳金（小写）
Overdue fine(In Figures)

合计（大写）:
Consist (In Words)　　（小写）:
(In Figures)

附注:
Remarks

第二联 发票联 付款方留存

第一联 存根联 开票方存查

第三联 记帐联 开票方记账

第四联 业务联 业务部门留存

保险公司名称:
Insurance Company　　复核:
Checked by　　经手人:
Handler

保险公司签章:
Stamped by Insurance Company　　地址:
Add　　电话:
Tel

保险公司纳税人识别号:
Taxpayer Identification No.

注：成品尺寸：220×150（毫米）

以上图示（票样图片、防伪技术信息）仅作为该发票的参考辨别信息，如需对特定发票进行正式真伪鉴别，请与发票开具所在地税务机关联系

图 3-9　机动车辆保险发票样张

8）机动车辆保险单正本

机动车辆保险单正本样张如图 3-10 所示。

交强险保险单主要特性

机动车交通事故责任强制保险单（正本）

LOGO　XXXX保险公司

票样

这些文字为红色。使用红色荧光防伪油墨印制，在紫外线灯下发红。既凸显了监制单位和使用该区域，体现了交强险的统一性和规范性，又通过防伪技术体现了严肃性。

此横线由“SALI”字样微缩文字组成，在5~10倍的放大镜下清晰可辨，这种技术对印刷和制版工艺技术要求严格，且手段多样，已成为目前防伪的主要手段。

承保公司信息增加了交强险保险单在不同公司的通用性。

“SALI”字样的光栅效果，这是用线条的粗细变化反应图案或文字，其效果是文字隐现在底色中。这是防伪手段之一。

交强险保险单为褐色，由货车和轿车作浮雕底纹。

图 3-10　机动车辆保险单正本样张

2. 企业用户

1）中华人民共和国组织机构代码证

中华人民共和国组织机构代码证样张如图 3-11 所示。

2）中华人民共和国组织机构代码证 IC 卡

中华人民共和国组织机构代码证 IC 卡样张如图 3-12 所示。

3）企业公章

企业公章如图 3-13 所示。

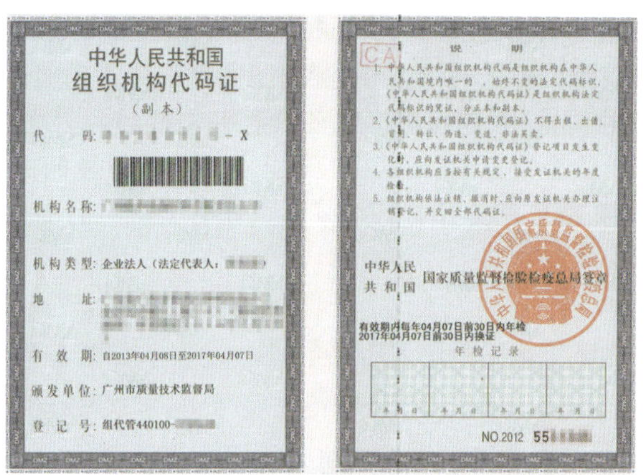

图 3-11　中华人民共和国组织机构代码证样张

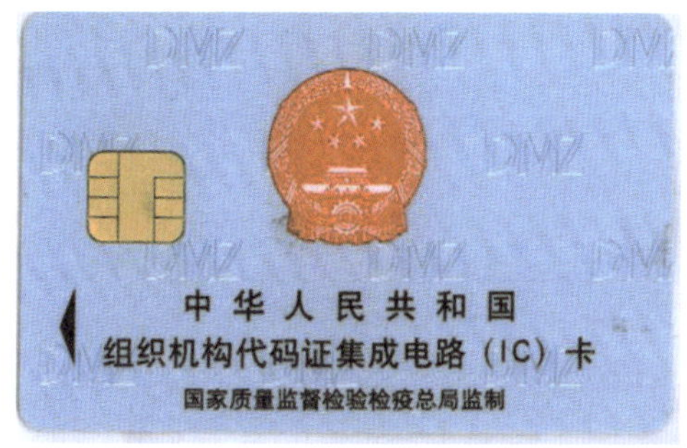

图 3-12　中华人民共和国组织机构代码证 IC 卡样张

图 3-13　企业公章

4）车辆购置税完税证明

企业用户车辆购置税完税证明与个人用户相同。

5）机动车行驶证

企业用户机动车行驶证与个人用户相同。

6）机动车登记证书

企业用户机动车登记证书与个人用户相同。

7）机动车环保检验合格标志

企业用户机动车环保检验合格标志与个人用户相同。

8）机动车检验合格标志、强制保险标志

企业用户机动车检验合格标志、强制保险标志与个人用户相同。

9）机动车保险发票

企业用户机动车保险发票与个人用户相同。

10）机动车保险单正本

企业用户机动车保险单正本与个人用户相同。

3.3 二手车技术状况检测

《二手车鉴定评估技术规范》(GB/T 30323—2013)的出台对于目前二手车交易有一定的指导作用,但是这项规范还只是参考实施,并不是强制性标准。所以市面上不同的二手车经销商结合自身的特点会有不同的检测方法,下面将介绍品牌二手车经销商车辆检测方法。总之,用科学仪器、手段和方法,反映二手车的真实车况将是我国二手车市场未来发展的必然趋势。

3.3.1 上海大众二手车质量标准

本节选摘自《上海大众二手车认证质保业务规定》中的质量标准。

1. 目的

规范上海大众汽车认证二手车申请流程,明确各相关部门的职责,提高用户满意度,本品牌车型残值率以及经销商二手车业务盈利。

2. 适用范围

二手车认证质保业务整个过程的相关活动。

3. 认证车源

(1) 上海大众汽车系列产品(车辆档案齐全)。

(2) 新车开票日期起 7 年以内。

(3) 行驶里程不超过 150000 万千米。

(4) 按上海大众汽车的规定进行使用和保养。

(5) 非事故车、非营运车(出租、租赁车、驾校车)。

(6) 非盗抢车等违反法律规定的车辆或涉及法律纠纷的车辆。

(7) 自行改装后造成车辆底盘、动力总成等重要部件技术参数严重改变的车辆,或在车辆的电器、制动、转向等涉及安全的系统上加装或改装设备的车辆,或保养里程记录等历史数据与实际里程表读数等信息严重不符的车辆均不符合认证要求。

4. 认证二手车质量标准

认证二手车质量标准共有 133 项内容,具体如表 3-9 所示。

表 3-9 上海大众认证二手车质量标准

检验部位	序号	检 验 项 目	检 验 要 求
车辆内部检测	1	检查车辆内部照明	功能正常，无破损
	2	检查仪表板照明及调节功能	功能正常
	3	检查时钟	显示正常，必要时调整
	4	检查多功能方向盘	功能正常
	5	检查喇叭	功能正常
	6	检查车外反光镜	无松动/碎裂，调节/加热功能正常
	7	检查车内后视镜功能	无松动/碎裂，调节灵活、防眩功能正常
	8	检查车窗功能	升降灵活，无阻滞，功能正常，无异响
	9	检查天窗功能	开闭顺畅，无异响
	10	检查前、后风窗雨刷	功能正常，必要时调节喷嘴角度
	11	检查后窗加热除霜装置	功能正常
	12	检查遮阳帘（手动/电动）	工作顺畅，无破损/无异响，功能正常
	13	检查车载电源（12V/220V）	工作正常
	14	检查仪表显示	指示显示正常
	15	检查车厢内储物装置	手套箱、中央扶手、眼镜盒、烟灰缸、点烟器、车内拉手、遮阳板、化妆镜等功能正常
	16	检查内饰（车顶、车门、地毯）污损情况	无磨损及污垢
	17	检查扶手、把手、饰件和仪表板的状况	无破损及污垢
	18	目视检查安全气囊	外表无损坏
	19	检查儿童安全锁功能	功能正常
	20	检查前、后座椅功能（调节、加热及记忆）	功能正常
	21	检查前、后座椅头枕调节	功能正常
	22	检查前、后排座椅安全带功能	功能正常
前部灯光检测	23	检查示宽灯	功能正常
	24	检查近光灯	功能正常
	25	检查远光灯/变光功能	功能正常
	26	检查前雾灯	功能正常
	27	检查转向灯	功能正常
	28	检查警示灯	功能正常
	29	检查近光灯照明角度	使用专用灯光检测设备，必要时调整
	30	检查随动转向/弯道辅助照明功能	功能正常
后部照明检测	31	检查示宽灯	功能正常
	32	检查牌照灯	功能正常
	33	检查后雾灯	功能正常
	34	检查倒车灯	功能正常
	35	检查刹车灯	功能正常
	36	检查转向灯	功能正常
	37	检查行李厢灯	功能正常

续表

检验部位	序号	检 验 项 目	检 验 要 求
外部车身检查	38	检查灯罩	无破损
	39	检查左侧车身	外观平顺，无损伤
	40	检查前保险杠	外观平顺，无损伤
	41	检查发动机盖	外观平顺，无损伤
	42	检查发动机盖开启和锁止机构	开启灵活，限位可靠
	43	检查前、后风挡	光洁，无损伤
	44	检查车顶	外观平顺，无损伤
	45	检查后备厢盖	外观平顺，无损伤
	46	检查行李厢盖开启及锁止机构	开启灵活，锁止可靠
	47	检查行李厢密封	无损坏，无渗漏，配合良好
	48	检查后保险杠	外观平顺，无损伤
	49	检查右侧车身	外观平顺，无损伤
	50	检查加油口盖	功能正常
	51	检查车身前纵梁	无变形，无锈蚀
	52	检查前围框架	无变形，无锈蚀
	53	车门框密封(包含天窗密封件)	无损坏，无渗漏，配合良好
	54	检查车门开闭	功能正常
	55	检查所有车门链接铰链	开启灵活，限位可靠
其他装备检测	56	检查钥匙开锁和闭锁	工作正常
	57	检查集控锁功能	功能正常
	58	检查车门安全防盗装置	功能正常
	59	检查牵引装置	功能正常
	60	检查雨刷片	无磨损及老化
	61	检查灰尘、花粉过滤装置	清洁，必要时更换
	62	检查蓄电池	用专用检测设备检查蓄电池容量
	63	检查发电机	工作正常，输出电压符合要求
	64	检查发动机舱管线布置	制动系统管路/冷却系统管路/燃油系统管/真空管路/电气线路/ 进排气管固定可靠，无干涉
	65	检查机油滤清器	原装配件，无渗漏
	66	检查空气滤清器	清洁，必要时更换
	67	检查发动机机油液面	机油液面正常，机油品质良好，保养符合规范
	68	检查冷却系统液面	膨胀壶及管路无泄漏，膨胀壶内冷却液液位在最小与最大之间，浓度符合标准
	69	检查制动液/离合器液面	液面正常(更换周期符合要求)
	70	检查助力转向液液面	液面正常，无渗漏
	71	检查挡风玻璃清洗	功能正常
	72	检查大灯清洗	功能正常

续表

检验部位	序号	检 验 项 目	检 验 要 求
其他装备检测	73	检查真空助力器及总泵	工作正常,无泄漏
	74	目测气门室盖/缸体	无漏油现象
	75	检查火花塞	电极间隙正常,无积碳
	76	检查点火线圈	固定牢靠,工作正常
	77	检查进/排气门/活塞	使用内窥镜检查,无积碳
	78	检查汽缸压力	工作压力正常
	79	检查燃油喷嘴	状态正常,无积碳
	80	检查燃油导轨/燃油分配器	无泄漏,固定牢靠
	81	检查燃油系统压力	工作压力正常
	82	检查皮带张紧器	工作正常,无异响
	83	检查涡轮增压	工作平稳,无异响
	84	检查散热器	散热片无损伤,无渗漏,固定牢靠
	85	检查冷却液水泵	工作正常,无异响,无渗漏
	86	检查轮胎气压	压力正常,必要时调整
	87	检查轮胎螺栓扭紧力矩	按规定扭矩紧固
	88	检查工具箱、警示牌	随车工具齐全,符合要求
	89	检查备胎气压及磨损程度	正常
车辆底部检测	90	检查前、后轮刹车片及刹车盘磨损程度	磨损正常,符合要求
	91	检查后轮刹车蹄、刹车鼓磨损程度	磨损正常,符合要求
	92	检查手制动器/电子驻车功能	状态正常,符合要求
	93	检查轮胎磨损情况	规格一致,无偏磨,无鼓包,无损伤,胎纹>1.6mm
	94	检查排气管/三元催化状况	无锈蚀,无变形,无渗漏
	95	检查减震器	无漏油,防尘罩及缓冲块完好
	96	检查前悬架叉形臂及球头	防尘套完好,不松旷,不变形
	97	检查横拉杆及球头	防尘套完好,不松旷,不变形
	98	检查后悬架及稳定杆	无损坏,不松旷,不变形
	99	检查后轴	无松旷,无漏油,无异响
	100	检查传动轴和防尘罩	不松旷,防尘套完好,
	101	检查所有制动管路接头	固定牢靠,无渗漏
	102	检查手制动拉线	位置正常,安全可靠
	103	检查发动机/变速箱/四驱装置底部	无损伤,无渗漏
	104	检查(自动/手动)变速箱液面	无渗漏,油质良好,液面符合要求
	105	检查燃油箱和供油管路	无损伤,无渗漏
	106	检查助力转向装置	转向平稳,功能正常,无异响,无渗漏
	107	检查所有V型皮带	无异常磨损,张紧状况正常
	108	检查车身底部车架	吸能区无变形,无开裂,无锈蚀
	109	检查车辆底部保护层情况	防护保护层完好

续表

检验部位	序号	检 验 项 目	检 验 要 求
试车检测	110	检查发动机启动情况	功能正常,无异响
	111	检查发动机怠速运行情况	工作平顺,无异响
	112	检查发动机冷却风扇的运行情况	工作正常,无异响
	113	检查离合器的工作情况	分离功能正常
	114	检查转向装置的工作情况	转向平稳,无异响
	115	检查方向盘位置调整功能	调整功能正常
	116	检查制动情况(包括 ABS 的运行情况)	制动性能正常
	117	检查手制动器/AutoHold 自动驻车性能	功能正常
	118	检查发动机转速表显示	显示准确
	119	检查车速表显示	显示准确
	120	检查燃油表显示是否正常	显示准确
	121	检查里程表显示	显示准确
	122	检查巡航定速控制功能	功能正常
	123	检查空调制冷系统	运行正常
	124	检查暖风系统	运行正常
	125	检查收音机/CD 播放机/智能导航娱乐装置	运行正常
	126	检查 PDC 倒车雷达/PLA 智能泊车辅助系统	功能正常
	127	检查四驱装置性能	工作正常
	128	检查车辆行驶噪音	正常无异响
	129	检查车辆行驶状态	运行平稳,无跑偏
试车后的检查	130	检查电气控制系统	使用 VAS 专用诊断仪对所有电气控制系统进行引导型故障检测
	131	检查发动机运行状况	怠速运转正常,无异响
	132	四轮定位检测	检测定位数据并调整
	133	检查尾气排放情况(CO)	检测

3.3.2 二手车的技术状况和车况检测

二手车的技术状况和车况检测顺序没有强制性的统一标准,虽然不同企业采用的检测顺序不尽相同,但目标是一致的:在最短的时间内科学、合理地完成检测任务,环车检测的路径设计最合理,不重复路径,花费的时间最少,不遗漏任何一个方位和部件。下面以七方位流程介绍二手车鉴定方法,七方位如图 3-14 所示。

1) 静态技术鉴定

方位 1:

(1) 客舱-驾驶席。

① 记录里程表信息。

② 检查仪表板有无拆卸痕迹,检查座椅表面、地板、地毯、顶棚等脏污、划痕、损伤及

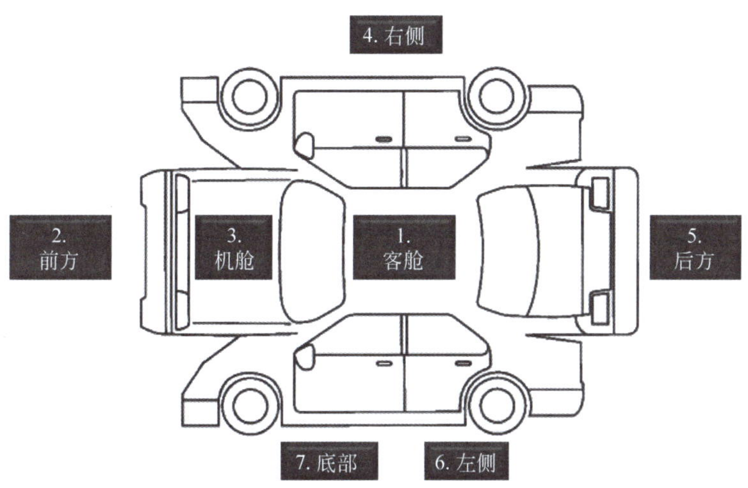

图 3-14 七方位静态鉴定流程

损伤状况。

③ 查看怠速及运转状况，各灯与仪表状况，中控台功能键状况，门窗玻璃控制状况，转向盘、座椅、倒车镜调节状况，气囊、安全带状况，检查转向盘自由行程，操作雨刮器、大灯清洗器。

(2) 客舱-副驾驶席。

① 检查前挡风玻璃是否更换，座椅调节状况，多功能显示屏工作状况，电子娱乐设备状况，扶手箱、手套盒状况。

② 检查座椅表面、地板、地毯、顶棚脏污、划痕、损伤及损伤状况。

(3) 客舱-后排座椅。

① 查看扶手箱、前排座椅头枕后的多功能显示屏工作状况、后排出风口温度，安全气囊、安全带状况，头枕调节状况，上下、左右装配缝隙及修复痕迹，感受音效，后挡风玻璃是否更换，地图灯、阅读灯状况。

② 检查安全带、座椅表面、地板、地毯、后搁物板、顶棚脏污、划痕、损伤及损伤状况。

方位 2：

(1) 前方-左前方。

从远处查看前后车门、翼子板是否变形、有无色差，其腰线是否连贯、有无下坠。

(2) 前方-正前方。

① 查看车灯类型、原装还是改装，目测整车左右高度差、前轮外倾状况。

② 检查表面色差，挡风玻璃裂纹、孔洞、是否原装、玻璃密封胶(条)状况，发动机罩、保险杠喷涂状况、钣金状况，线条缝隙状况、差异程度，冲压线状况。

(3) 前方-右前方。

从远处查看前后车门、翼子板是否变形、有无色差，其腰线是否连贯、有无下坠。

(4) 前方-钣喷。

① 检查发动机罩是否更换、轻重、封胶、焊点、铰链螺栓、表面喷涂、隔音板。

② 检查发动机舱，首先鉴定汽车 17 位 VIN 码和发动机号，防火墙走水槽上沿、防火

墙、左右翼子板内侧及螺栓、左右减震器支架、左右副车架、水箱支架、各散热器有否损伤、修复及修复的程度。

方位 3：

(1) 机舱-机电。

① 检查各散热器、发动机缸体、缸盖有否损伤、变形、是否更换，发动机运转是否平稳、有无异响及异响的部位，进排气歧管与缸盖结合处有否串气，转向机、半轴是否渗漏。

② 检查空调制冷状况，ABS 泵完好程度。

③ 检查各油液的液位状况。

(2) 机舱-内饰。

① 检查发动机罩，隔音板是否更换、拆装、新旧程度，有否泡水、过火，雨刮水喷嘴及水管状况。

② 检查发动机舱，油迹、污渍程度，油迹、污渍用常规方法能否清除，所有线束新旧程度、是否更换、有否拆装、是否泡水、过火，导线、电瓶桩头是否氧化、氧化的程度。

(3) 机舱-损伤。

① 检查发动机罩，损伤面积、裂纹长度、变形程度。

② 检查发动机舱，VIN(车架号)、发动机号损毁程度，防火墙、左右翼子板内侧、左右副车架、水箱支架、左右减震器支架、缸体、缸盖、进排气歧管、散热器损伤面积、长度，ABS 泵是否破裂。

③ 检查管线，所有管线、转向机密封套破损程度、老化程度。

方位 4：

(1) 右侧-总揽。

查看车顶、保险杠、前后翼子板、前后门、腰线、前后悬架、前后车轮、接合缝、表面色差。

(2) 右侧-前部。

① 检查翼子板钣金损伤、喷涂状况，与保险杠、大灯、前车门贴合处接缝状况，补充方位 1 鉴定挡风玻璃。

② 检查右前悬架(减震器)状况、轮胎磨耗、裂纹，轮毂材质、损伤，制动盘磨损状况。

③ 检查挡泥板护板、减震器防尘套状况。

④ 检查翼子板、灯罩、保险杠损伤面积、裂纹、孔洞大小，表面划痕长度，轮胎磨损程度、裂纹、划痕长度，轮辐损伤程度，制动盘磨损量。给出损伤等级。

(3) 右侧-中部-前门。

① 检查车顶前部、A 柱、B 柱、门框、门槛、门外板有否变形、切割及喷涂状况，车门饰板、门铰链螺栓有无拧动痕迹，封胶、胶条、焊点状况，倒车镜表面状况，窗玻璃是否原装。

② 检查门窗升降器开关状况、门灯、扬声器、线束状况，补充鉴定方位 1 副驾驶座椅调整状况。

③ 检查车门饰板完好、清洁状况。

④ 检查车顶前部、A 柱、B 柱、门框、门槛、门外板变形修复程度、损伤面积、划痕长度，车门饰板划痕、裂纹、孔洞大小，判定损伤等级。

(4) 右侧-中部-后门。

① 检查车顶后部、B 柱、C 柱、门框、门槛、门外板有否变形、切割及喷涂状况，车门饰板、门铰链螺栓有无拧动痕迹，封胶、胶条、焊点状况，窗玻璃是否原装。

② 检查门窗升降器开关状况、门灯、扬声器、线束状况。

③ 检查车门饰板完好、清洁状况，补充鉴定方位 1 副驾驶座椅后显示屏状况。

④ 检查车顶后部、B 柱、C 柱、门框、门槛、门外板变形修复程度、损伤面积、划痕长度，车门饰板划痕、裂纹、孔洞大小，判定损伤等级。

(5) 右侧-后部。

① 检查车顶后部、B 柱、C 柱、门框、门槛、门外板有否变形及喷涂状况，车门饰板、门铰链螺栓有无拧动痕迹，封胶、焊点状况，窗玻璃是否原装。

② 检查门窗升降器开关状况、门灯、扬声器、线束状况。

③ 检查车门饰板完好、清洁状况，补充方位 1 鉴定副驾驶座椅后显示屏状况。

④ 检查车顶后部、B 柱、C 柱、门框、门槛、门外板变形修复程度、损伤面积、划痕长度，车门饰板划痕、裂纹、孔洞大小，轮胎磨损程度，判定损伤等级。

方位 5：

(1) 后方-远观。

检查车顶、挡风玻璃、行李发动机罩、尾灯、后轮定位、车身端正否、左右高差、表面色差、线条缝隙。

(2) 后方-近赏。

① 检查车顶后部、行李发动机罩、保险杠总成损伤、变形及喷涂状况，窗玻璃是否原装，表面色差。

② 检查尾灯、泊车辅助系统状况。

③ 检查车顶后部、挡风玻璃、行李发动机罩、尾灯、车身、保险杠总成变形修复程度、损伤面积、划痕长度、裂纹、孔洞大小，后轮定位状况，左右高差、结合缝线条匀称否，判定损伤等级。

(3) 后方-行李舱 1。

① 检查发动机罩、左右翼子板里侧、行李舱底板、后围板是否切割、更换、焊点、封胶，发动机罩铰链是否修复、拆装、有无喷漆痕迹，保险杠是否修复、更换、有无喷漆痕迹，玻璃是否原装。

② 检查发动机罩铰链、撑杆状况、线束状况、碟盒工作状况。

③ 检查发动机罩隔音板、行李舱底板隔音棉、舱口胶条、地板垫状况。

④ 检查发动机罩、左右翼子板里侧、行李舱底板、后围板、保险杠、胶条损伤程度、面积、长度，判定损伤等级。

(4) 后方-行李舱 2。

① 检查备胎室周边、备胎室底板钣喷、封胶。

② 检查备胎宽窄、规格、尺寸、材质。

③ 检查备胎室周边、备胎室底板是否变形、切割、焊接，封胶新旧程度，备胎损伤程度，判定损伤等级。

方位 6：

左侧。与“方位 4-右侧”完全对称，但是增加了“收尾”的流程和内容。

方位 7：

底部。

① 检查发动机护板、油底壳、油箱。

② 检查车身拉伸、校正、修复痕迹。

③ 检查地板底面拼接、断裂痕迹。

④ 检查排气管、消音器状况。

⑤ 检查油液渗漏状况。

⑥ 检查悬架损伤状况。

2）动态技术鉴定

(1) 怠速鉴定内容。

① 启动汽车，检查发动机启动是否顺利。

② 观察发动机怠速是否平稳，有无抖动、异响，检查加速响应性、窜油窜气、尾气等状况，检查各仪表指针是否在正常范围内。

③ 检查手动变速器，踩下离合器踏板检查各挡换挡平顺性、准确性；检查自动变速器，查看各挡位能否进挡及倒挡情况。

(2) 起步鉴定内容。

通过鉴定车辆起步是否平稳，从而鉴定离合器、变速器的工作状况。

(3) 加速鉴定内容。

① 鉴定各挡位加速响应性、依次加挡是否顺畅。

② 鉴定发动机动力性能、加速性能、车辆行驶稳定性。

③ 鉴定加速行驶过程中车辆维持直线行驶的能力。

注意事项：

① 找一段平直良好路面。

② 对原地起步和中高速加速性能都要鉴定。

③ 注意查听有无异响，若有异响，改变车速再听，回厂请维修技师协助。

④ 观察各仪表指针是否在正常范围内。

(4) 滑行鉴定内容。

① 鉴定行驶系各部件总成的匹配、装配状况。

② 鉴定传动系各部件总成的匹配、装配状况。

③ 鉴定车辆在滑行状况维持直线行驶的能力。

(5) 匀速鉴定内容。

① 鉴定车内外噪音。

② 鉴定行驶平顺性。

③ 鉴定行驶稳定性。

④ 鉴定乘坐舒适性。

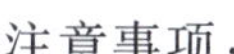

注意事项：

① 控制好油门，高、中、低速都要鉴定。

② 鉴定车内噪音时，关闭车窗；鉴定车外噪音时，开启车窗。

③ 在确保安全的条件下，松开方向盘鉴定车辆匀速行驶时是否能维持直线行驶能力。

（6）转向鉴定内容。

① 鉴定转向机构有无卡滞、异响。

② 鉴定传动机构有无卡滞、异响。

（7）减速鉴定内容。

① 鉴定变速器各挡位依次减挡是否顺畅等性能。

② 鉴定减速过程中车辆维持直线行驶的能力。

③ 鉴定减挡过程中发动机的制动性能。

（8）制动鉴定内容。

① 鉴定常规制动性能。

② 鉴定紧急制动性能。

③ 鉴定车辆在制动时的方向稳定性和转向能力。

④ 鉴定转向时的制动能力。

⑤ 检测制动时有无跑偏、侧滑、甩尾等不良现象。

注意事项：

① 不论常规、紧急还是转弯制动，要求制动距离尽量短。

② 制动时汽车的行驶方向不能违背驾驶员的意愿。

③ 制动时汽车应维持方向的稳定性，不能失去转向能力。

④ 车辆底盘的检查。

（9）最终收尾鉴定内容。

① 对车辆各总成部件状态进行确认。

② 对道路上不易鉴定、检查的部位，通过将车辆举升后确认是否有泄漏、断裂、锈蚀等损伤。

③ 检查制动器是否过热。

注意事项：

① 对发动机、车身、底盘、电子电器设备都不能遗漏。

② 认真寻找各种缺陷、损伤和再修复的痕迹。

3.4 各类事故车辆图示

掌握各类事故损坏现象对二手车评估是十分重要的，各类事故车辆图示见图3-15～图3-61所示。

图 3-15　轮胎外部碰擦损伤

图 3-16　钢圈磨损

图 3-17　刹车盘磨损

图 3-18　保险杠碰擦

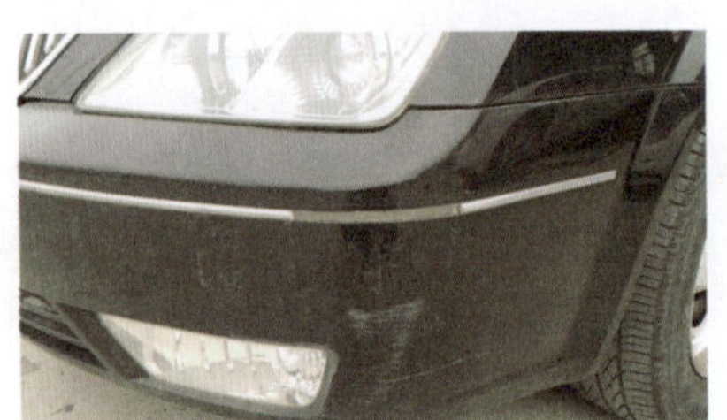

图 3-19　饰条断裂缺失

图 3-20　翼子板变形

图 3-21　翼子板整体变形

图 3-22　座椅皮磨损

图 3-23　安全带卡扣失效

图 3-24　方向盘过度磨损

图 3-25　仪表灯故障

图 3-26　排挡杆过度磨损

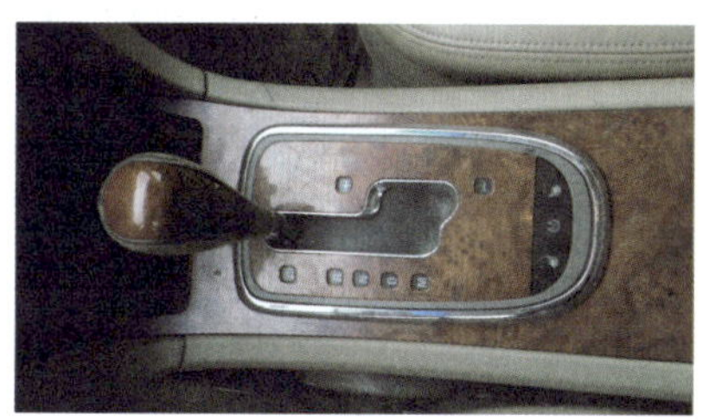

图 3-27　中央扶手箱接缝不协调

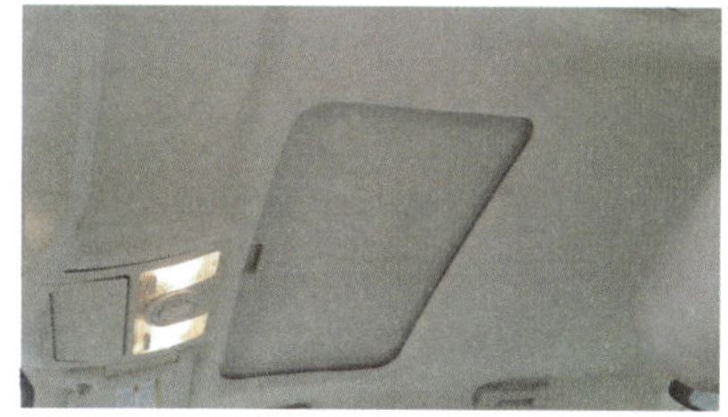

图 3-28　车内顶拱起，天窗关闭不严

图 3-29　正常车身焊点

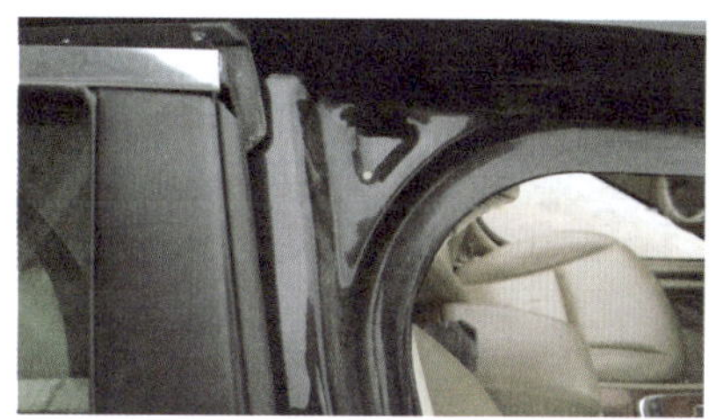

图 3-30　事故维修后车身焊点缺失

图 3-31　原厂铰链安装位

图 3-32　事故维修后副厂铰链安装位

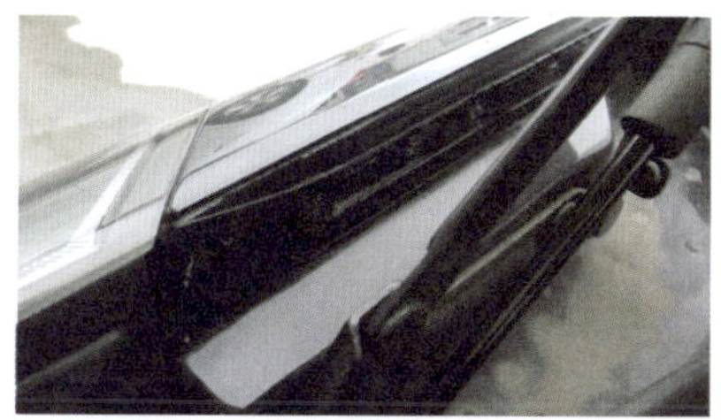

图 3-33　原车车身钣金胶水

图 3-34　事故维修后钣金胶水

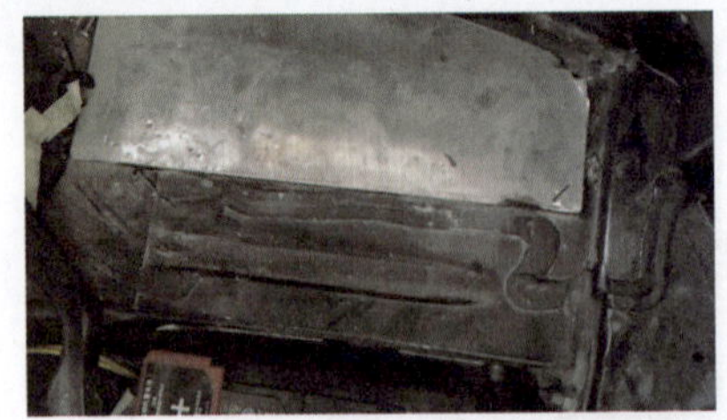

图 3-35　原车后车身纵梁

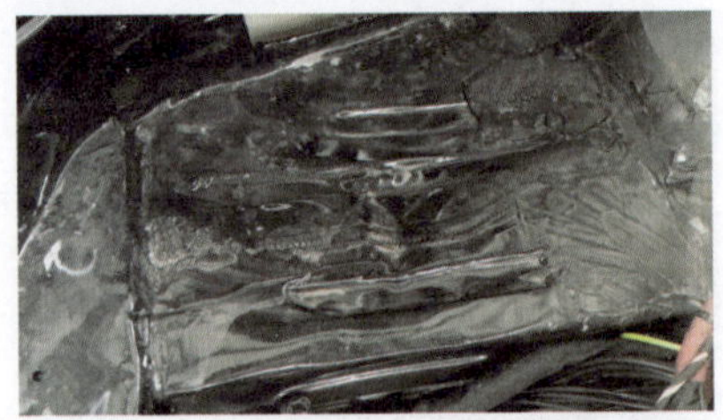

图 3-36　事故维修后车身纵梁

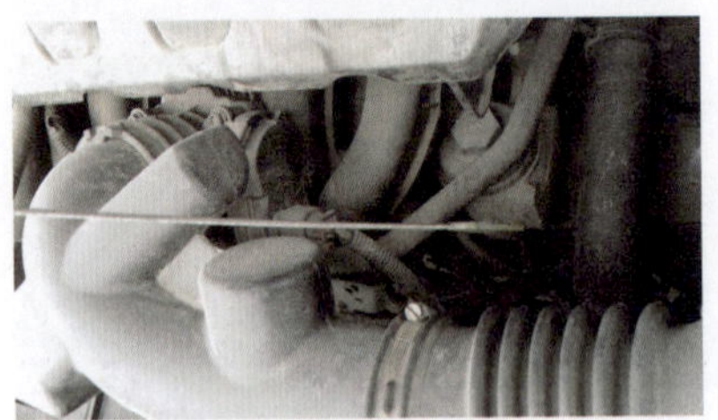

图 3-37　发动机内部有水迹

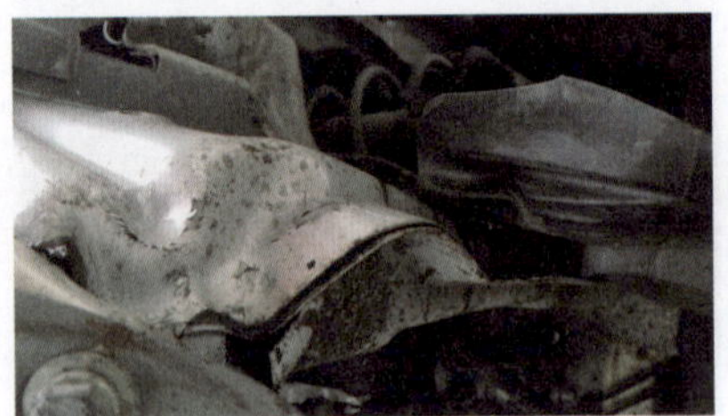

图 3-38　车身前大梁扭曲

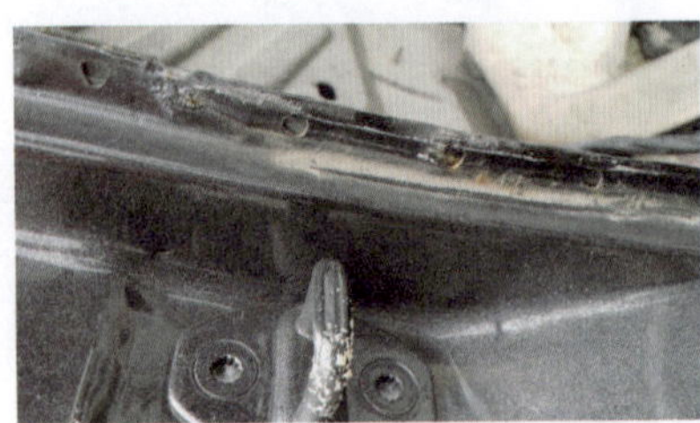

图 3-39　事故维修后车身焊点(一)

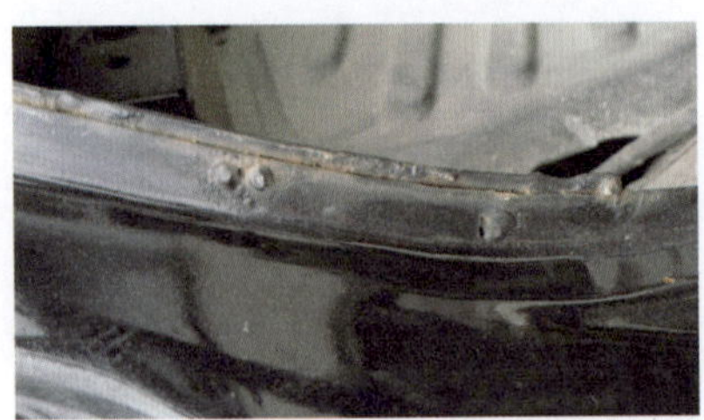

图 3-40　事故维修后车身焊点(二)

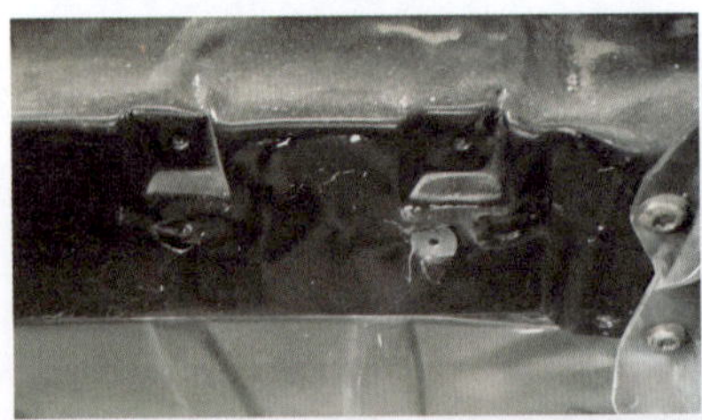

图 3-41　事故维修后车身后围板

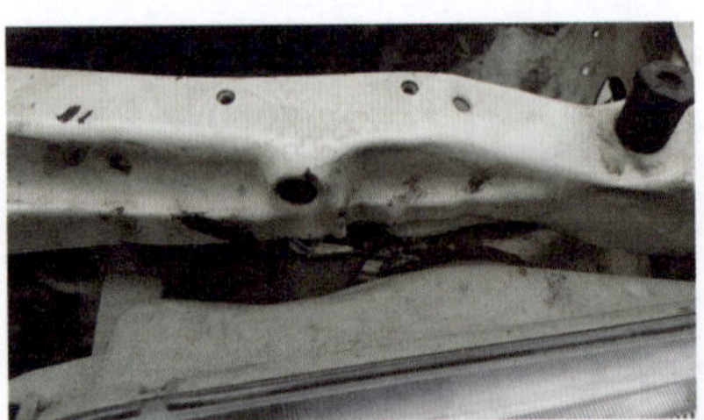

图 3-42　事故维修后车身前围板

图 3-43　原车车身大梁头

图 3-44　事故维修后车身大梁头

图 3-45　车身底部挤压变形

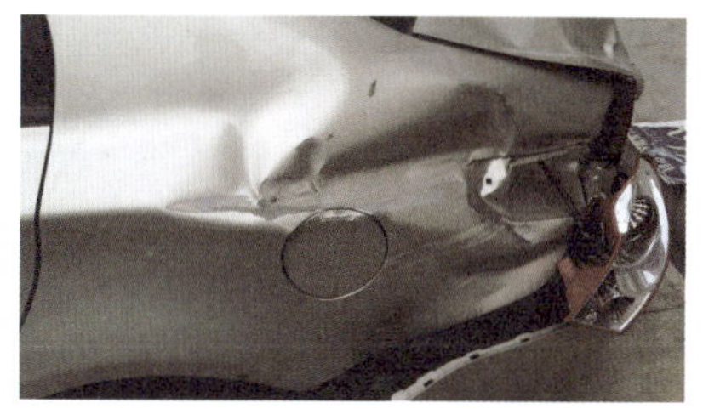

图 3-46　翼子板挤压变形

图 3-47　车门表面刮擦

图 3-48　车门油漆剥落

图 3-49　车门变形、褶皱、穿透

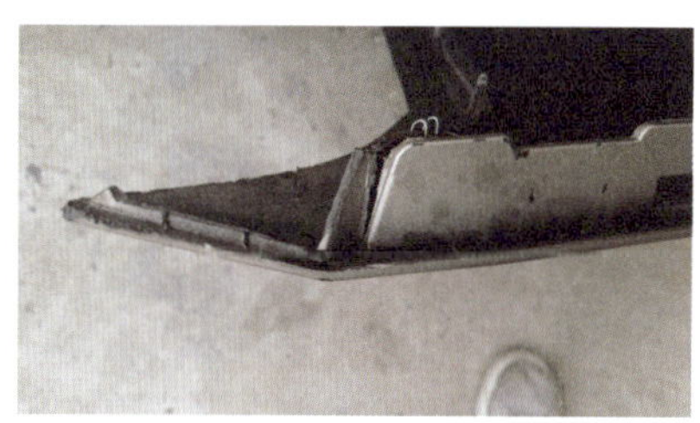

图 3-50　保险杠挂脚缺失

图 3-51　加强件变形

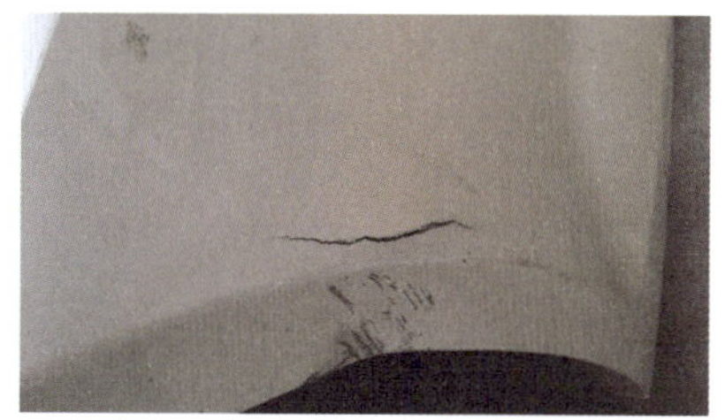

图 3-52　保险杠开裂

图 3-53　车顶开裂，天窗关闭不严

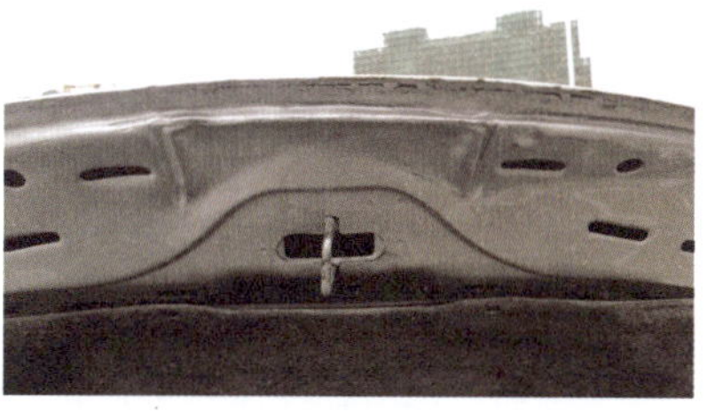

图 3-54　机盖整形修复人为焊点

图 3-55　机盖油漆剥落、左右大灯新旧不一

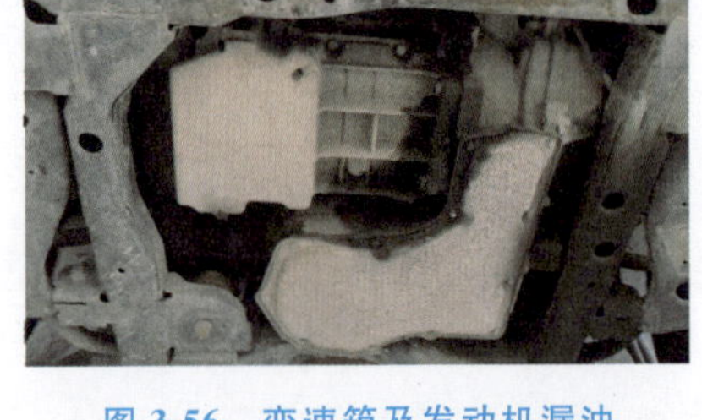

图 3-56　变速箱及发动机漏油

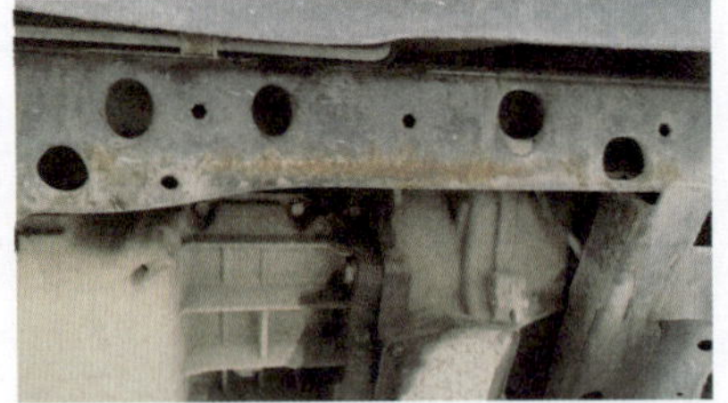

图 3-57　车身底盘刮擦

图 3-58　球头老化

图 3-59　减震器漏油，减震块老化

图 3-60　车身底盘锈蚀

图 3-61　车身底盘扭曲

3.5　技能实训：二手车鉴定评估

1. 安全要求及注意事项

(1) 不准赤脚或穿拖鞋、高跟鞋和裙子上课，留长发者要戴工作帽。

(2) 进入汽车实训场地后，未经老师批准，不得动用实训车上的各项设备。

(3) 实训时，未经老师批准，不准进入车厢内，防止汽车意外启动造成重大事故。

(4) 使用举升机时，支撑点必须正确，要防止车辆倾斜，升降过程中注意人员安全。

2. 设备/工具/耗材要求

(1) 设备与工具：二手车评估整车一台、手电筒、小镜子、胎压表、轮胎测厚仪、漆面厚度检测仪、温度计、举升机。

(2) 耗材：小毛巾、五件套。

3. 单证查验

1) 机动车来历凭证(购车发票)

(1) 新车交易发票的检查。

新车销售发票是全国统一版式，票面有防伪水印，如图3-62所示。自2005年年底开始，全国正式启用机打的车辆销售统一发票。该票严禁手开和修改，错项必须重新开票。而在此之前使用的手填发票，遇错项可更改，在更正处加盖开票单位财务专用章即可。

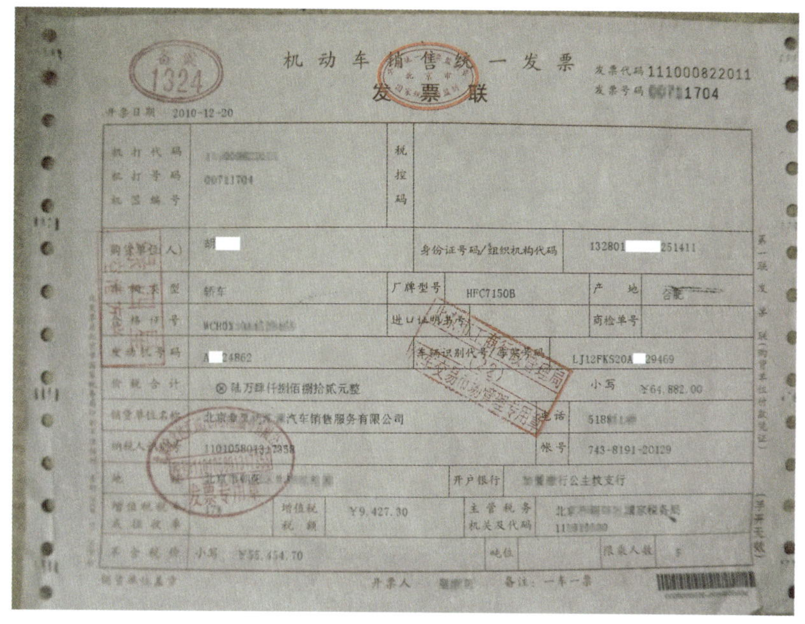

机动车销售统一发票
发票联
发票代码 111000822011
开票日期 2010-12-20
税控码
购货单位(人) 胡
身份证号码/组织机构代码 132801 251411
车辆类型 轿车
厂牌型号 HFC7150B
产地 合肥
进口证明书号
商检单号
发动机号码 A 24862
车辆识别代号/车架号码 LJ12FKS20A 29469
价税合计 ⊗陆万肆仟捌佰捌拾贰元整
小写 ¥64,882.00
销货单位名称 北京 汽车销售服务有限公司
电话 518
帐号 743-8191-20129
开户银行
增值税税额 ¥9,427.30
主管税务机关及代码
不含税价 小写 ¥55,454.70
吨位
限乘人数 5
开票人
备注：一车一票

图3-62　机动车销售发票

(2) 二手车交易发票的检查。

自2005年国家颁布新的旧机动车交易管理办法起，全国统一启用新版机打旧机动车交易发票。发票中记载了交易双方的有效信息和车辆相关信息，为车管部门提供了有效的交易过户凭证。发票中关于工商验证的规定与新车交易发票一致。二手车销售发票如图3-63所示。

2) 机动车登记证书

机动车权属证明文件在2001年10月1日起开始核发，记载变更事项，由公安车辆管理机关核发。

(1) 机动车登记证书第1、2页的检查。

2001年10月1日起，遵照公安部令第72号(旧版机动车登记管理办法)的规定，我国

www.zgtax.org

二手车销售统一发票

发票联

发票代码 000000000000

发票号码 00000000

开票日期：

机打代码 机打号码 机器编号		税控码			
买方单位/个人		单位代码/身份证号码			
买方单位/个人住址				电话	
卖方单位/个人		单位代码/身份证号码			
卖方单位/个人住址				电话	
车牌照号		登记证号		车辆类型	
车架号/车辆识别代码		厂牌型号		转入地车辆管理所名称	
车价合计（大写）				小写	
经营、拍卖单位					
经营、拍卖单位地址				纳税人识别号	
开户银行、帐号				电话	
二手车市场		纳税人识别号			
		地址			
开户银行、帐号				电话	
备注：					

开票单位（盖章） 开票人 手写无效

第一联：发票联

成品规格：241mm×177.8mm

票面正中使用无色荧光油墨套印“宁波市国家税务局监制”字样

图 3-63　二手车销售发票

对机动车管理实行登记证书制度。此制度规定，2001 年 10 月 1 日之后初次登记注册的机动车、摩托车，在初次登记时由车辆登记管理机关核发全国统一版本的《中华人民共和国机动车登记证书》，并规定登记证书上记载的事宜包括所有人信息、车辆参数信息、车辆主要登记及变更信息等。登记证书作为车辆登记的完全记录载体，办理所有登记、变更手续必须向车辆管理部门提交。车辆管理部门会将车辆所办理的登记、变更手续事项的摘要记录在登记证书上。72 号令中另外规定，2001 年 10 月 1 日以前注册登记的机动车，在办理车辆交易转移登记时，一律先办理登记证书的申领手续，在取得登记证书后方可正常办理车辆转移登记。机动车登记证第 1 页、第 2 页如图 3-64 所示。

(2) 机动车登记证书第 3 页。

登记证书作为车辆权属的重要凭证，由车辆所有人收执，不随车携带。机动车登记证第 3 页如图 3-65 所示。

3）机动车行驶证

机动车行驶证是车辆上路行驶的重要凭证，需随车携带。遇执勤交警检查，需出示。同时，行驶证也是众多车务手续中比较重要的一个。在车辆进行交易过户时，行驶证是必须提交的。交易过户后，车辆的购买人就会获得新的行驶证。机动车行驶证见图 3-5。

4）机动车号牌

机动车号牌由公安车辆管理机关依法对机动车进行注册登记核发的号牌。与车辆登记证书、行驶证一并核发，号牌号码与登记证书、行驶证上记载的号码完全一致，是车辆身

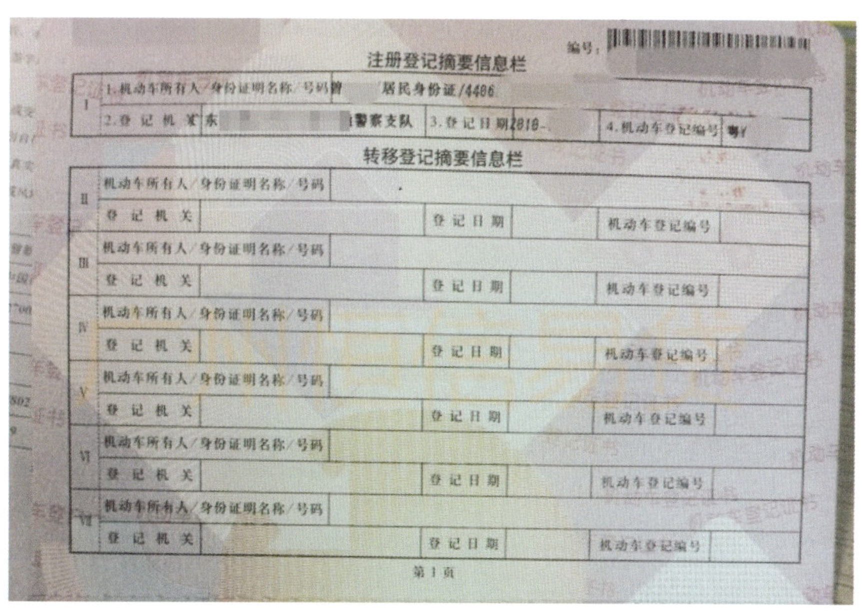

注册登记摘要信息栏　　编号：

Ⅰ	1.机动车所有人/身份证明名称/号码	曾　居民身份证/4406				
	2.登记机关	东　　警察支队	3.登记日期	2010-	4.机动车登记编号	粤Y

转移登记摘要信息栏

Ⅱ	机动车所有人/身份证明名称/号码					
	登记机关		登记日期		机动车登记编号	
Ⅲ	机动车所有人/身份证明名称/号码					
	登记机关		登记日期		机动车登记编号	
Ⅳ	机动车所有人/身份证明名称/号码					
	登记机关		登记日期		机动车登记编号	
Ⅴ	机动车所有人/身份证明名称/号码					
	登记机关		登记日期		机动车登记编号	
Ⅵ	机动车所有人/身份证明名称/号码					
	登记机关		登记日期		机动车登记编号	
Ⅶ	机动车所有人/身份证明名称/号码					
	登记机关		登记日期		机动车登记编号	

第1页

(a) 第1页

注册登记机动车信息栏

5.车辆类型	小型轿车	6.车辆品牌	北京现代牌
7.车辆型号	BH7167AY	8.车身颜色	黑
9.车辆识别代号/车架号		10.国产/进口	国产
11.发动机号		12.发动机型号	
13.燃料种类	汽油	14.排量/功率	1591 ml/ 90.4 kw
15.制造厂名称	北京现代汽车有限公司	16.转向形式	方向盘
17.轮距	前 1554 后 1549 mm	18.轮胎数	4
19.轮胎规格	185/65R15	20.钢板弹簧片数	后轴 片
21.轴距	2650 mm	22.轴数	2
23.外廓尺寸	长 4542 宽 1775 高 1490 mm	33.发证机关章	广东省佛山市公安局交通警察支队
24.货厢内部尺寸	长 宽 高 mm		
25.总质量	1590 kg	26.核定载质量	kg
27.核定载客	5 人	28.准牵引总质量	kg
29.驾驶室载客	人	30.使用性质	非营运
31.车辆获得方式	购买	32.车辆出厂日期	2010-
		34.发证日期	2010-

(b) 第2页

图 3-64　机动车登记证第 1 页、第 2 页

份核查的主要标志之一，如图 3-66 所示。

5）机动车所有人证件

公安部规定的 9 种身份证明，包括身份证、企业组织机构代码证等。

(1) 中华人民共和国居民身份证。

车主身份证明的主要凭证，也是目前二手车交易中使用最广泛的个人证件。目前多

机动车登记证书编号：3700105

登记栏

1. 抵押登记
2. 抵押权人姓名/名称：中国　　　　二支行
3. 身份证明名称/号码：组织机构代码证书/7064　　　　抵押登记日期：2008-08-29
4.
解除抵押
5.
6. 解除抵押日期：2011-11-18
7.
8.
9.
10.
11.
12.
13.
14.
15.

第3页

图 3-65　机动车登记证第 3 页

为二代身份证，见图 3-3。

(2) 组织机构代码证书。

组织机构代码证书是组织机构办理车务手续时须提交的重要的身份证明之一，配合机构公章共同使用(见图 3-11)。

图 3-66　机动车号牌

6) 税费手续的检查

(1) 车辆购置税的检查。

车辆购置税完税凭证(见图 3-4)是重点查验项目。

① 第 1 页记载的车辆纳税人信息、车辆厂牌型号信息、发动机号、车架号，是否均与实际内容相符。

② 凭证第 2 页加盖的征收机关章位置是否处于征税栏。

(2) 保险手续的检查。

① 车辆交通强制险核查。

核查被保险人、投保人是否与登记证书记载的车主一致；核查车辆记载项是否与登记证书记载一致；核查保险有效期；核查车船使用税缴纳情况。

② 车辆商业险核查。

核查被保险人、投保人是否与登记证书记载一致；核查车辆记载项是否与登记证书记载一致；核查保险有效期；核查险种及险费额度。

7) 保养维修手册的检查

车辆保养手册记录车辆的档案，车辆购买后投入使用，厂商一般会在 2～5 年为车辆提供原厂的质保服务。

车辆在质保期内涉及二手车交易时，就牵扯到车辆过户后继续质保的问题。一般只要手续齐全，对于没有出质保期的车辆，交易后其质保内容还会延续。但在实际鉴定评估工作中一定要对这类车辆足够重视，因为车辆交易过户后，很多手续需要变更。有的手续也可能缺失，但并不影响车辆的正常过户交易和使用。不同厂商对质保车辆的手续有不同要求，所以就需要我们非常了解厂商的需求，才能对在质保期内的车辆进行有效、公正的评估。

4. 二手车技术和车况鉴定

前面介绍了七步法检测二手车。下面以二手车拍卖与交易服务平台的“好车匠”二手车检测十一步法为例，介绍在实际工作中企业是如何进行二手车技术鉴定和评估的。十一步法如图 3-67 所示，具体为：①车身外侧；②驾驶舱及电脑检测；③左前翼子板；④左前车门及左 A 柱；⑤左后车门及左 B 柱；⑥左后翼子板及左 C 柱；⑦右后翼子板及右 C 柱；⑧右后车门及右 B 柱；⑨右前车门及右 A 柱；⑩右前翼子板；⑪车辆前、后部及底盘。

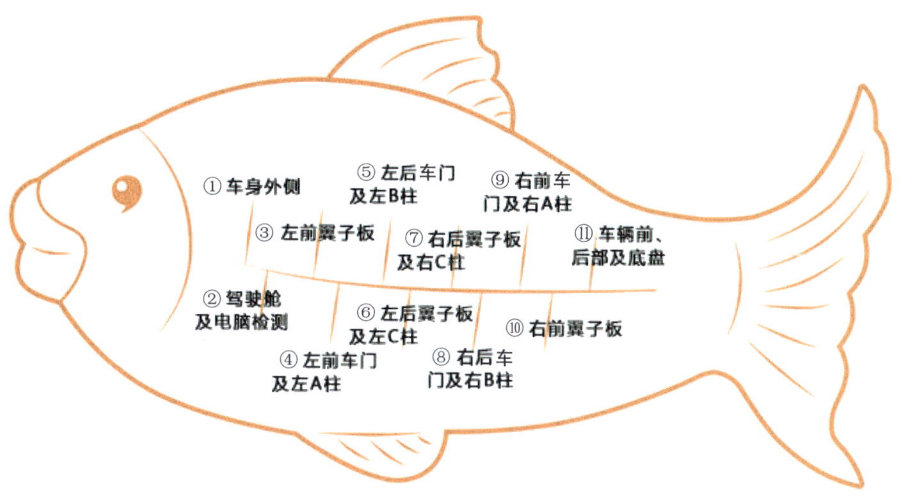

图 3-67　“好车匠”十一步检测法

第 1 步：车身外侧（左前方 45°与右前方 45°，左后方 45°与右后方 45°，左车身正面与右车身正面）检测，如表 3-10 所示。

表 3-10　车身外侧检测

检查部位	车体覆盖件，轮胎定位
检查流程	由远（距车前 2m 处 45°）及近（1 步 45°），远观
基本动作	先站后蹲，从下到上，视线与腰线平行
检查方法	目测，大致记录，检查到具体部件时再仔细鉴定 车头正前、左前车头、右前车头、左后车尾、右后车尾、车尾正后、左车身正面、右车身正面
检查要点	(1) 观察车身线条（腰线）是否顺畅 (2) 观察各个部件接缝处是否均匀 (3) 查看前后车门、翼子板是否变形，是否有明显修复痕迹，有无色差 (4) 观察轮胎位置与倾斜角度 (5) 观察左、右部件是否对称

第 2 步：驾驶舱及电脑检测，如表 3-11 所示。

表 3-11　驾驶舱及电脑检测

检查部位	前仪表台、转向盘、反光镜开关、遮阳板、挡位杆及防尘套、车顶内饰、车窗、天窗、中控门锁、仪表板、照明系统、空调系统、雨刮器及开关、转向灯开关、娱乐系统、导航系统、倒车辅助系统、助力转向系统、制动系统、OBD 接口、驾驶员侧开关、踏板
检查流程	进入车内、启动车辆、手持阅读仪，坐于驾驶席
基本动作	从左到右，从上到下，由远及近
检查方法	目测、耳听、手摸，必要时请维修技师支持，正确连接阅读仪，使用引导性故障查询
工具	BOSS 故障检测仪
照片拍摄	仪表台、仪表带显示、方向盘、驾驶员侧开关、出风口、转向开关、雨刮开关、排挡杆、影像系统、中央扶手、车顶全景、前后座椅、安全带、ODB 显示、踏板（刹车、油门、离合）
检查要点	(1) 主驾驶座位因为使用频率最高，要注意此座外边缘有无磨损、破裂等现象，如检查对象为两门车型或单厢车型，此步骤中对后排座位状况的检查不能遗漏 (2) 查看各仪表工作状态时应记录车速里程表显示的行驶里程 (3) 如有各类警告灯长时间不灭的现象，则应判断原因，并在技术状况缺陷描述中予以注明；观察转速表有无怠速状态下的异常现象，化油器车辆可通过调节阻风门或等发动机到正常工作水温后再观察，如有异常，怀疑发动机可能故障，则应分析其具体原因 (4) 注意听发动机启动时有无异响、开启空调时有无异响，后排有空调或有天窗的车辆须分别检查 (5) 注意观察气囊装置表面与周边有无色差，气囊是否存在被更换的可能，如果气囊被更换该车极有可能存在事故情况，要通过检查车身其他部位来确认 (6) 安全带结构不完整或者功能不正常，应在技术缺陷描述中予以证明，并提示修复或更换前不宜使用 (7) 车辆排气状况的检查，可以在下车后单独观察或协助维修技师一起完成 (8) 检查发动机控制单元有无故障码存储 (9) 检查自动变速箱控制单元有无故障码存储 (10) 检查 ABS 控制单元有无故障码存储 (11) 检查舒适系统控制单元有无故障码存储 (12) 检查安全气囊控制单元有无故障码存储

第 3 步：左前翼子板检测，如表 3-12 所示。

表 3-12　左前翼子板检测

检查部位	左前翼子板、左前轮胎、左前轮毂
检查流程	距车一步近观
基本动作	站立、半蹲，从上到下，由外到内
检查方法	目测、工具检测
工具	手电筒、胎纹尺、油漆检测仪
照片拍摄	翼子板整体、翼子板检测数据、钢圈及轮胎、轮胎数据
检查要点	(1) 翼子板钣金损伤、喷涂状况，与保险杠、大灯、前车门接合处的接缝状况 (2) 通过胎纹尺测量轮胎磨耗情况，观察是否有裂纹，查看轮毂材质、损伤情况

第 4 步：左前车门及左 A 柱检测，如表 3-13 所示。

表 3-13　左前车门及左 A 柱检测

检查部位	左前车门、玻璃、内饰板、左 A 柱、左后视镜、底边梁
检查流程	距车一步近观，探身进入车内操作，拉开引擎盖开关、后备厢开关
基本动作	站立、半蹲，从上到下，由外到内
检查方法	目测、手摸、工具检测
工具	手电筒、油漆检测仪
照片拍摄	车门整体、车门油漆检测数据、车门内饰板、玻璃年份、车身密封条、车身焊点
检查要点	(1) 检查门框、门槛、门外板有否变形及喷涂状况，车门饰板、车门铰链螺栓有无拧动痕迹，封胶、胶条、焊点状况，车窗玻璃是否原装 (2) 查勘密封胶条时由车窗下前角起逆时针一周，检查框架时由前支柱与车顶支柱交界处起顺时针一周 (3) 检查 A 柱有无变形、切割及喷涂痕迹，后视镜有否损伤及修补痕迹 (4) 检查门窗升降器开关状况、安全带功能是否异常及内饰清洁状况

第 5 步：左后车门及左 B 柱检测，如表 3-14 所示。

表 3-14　左后车门及左 B 柱检测

检查部位	左后车门、玻璃、内饰板、左 B 柱、底边梁
检查流程	距车一步近观，探身进车内操作
基本动作	站立、半蹲，从上到下，从外到内
检查方法	目测、手摸、工具检测
工具	手电筒、油漆检测仪
照片拍摄	车门整体、车门油漆检测数据、车门内饰板、玻璃年份、车身密封条、车身焊点
检查要点	(1) 检查门框、门槛、门外板有否变形及喷涂状况，车门饰板、车门铰链螺栓有无拧动痕迹，封胶、胶条、焊点状况，车窗玻璃是否原装 (2) 查看密封胶时由车窗下前角起逆时针一周，检查框架时由前支柱与车顶支柱交界处起顺时针一周 (3) 检查 B 柱有无变形、切割及喷涂痕迹 (4) 检查车窗升降器开关状况、安全带功能是否异常及内饰清洁状况

第 6 步：左后翼子板及左 C 柱检测，如表 3-15 所示。

表 3-15　左后翼子板及左 C 柱检测

检查部位	左后翼子板、左后轮胎、左后轮毂、左 C 柱
检查流程	距车一步近观
基本动作	站立、半蹲，从上到下，从外到内
检查方法	目测、工具检测
工具	手电筒、胎纹尺、油漆检测仪
照片拍摄	翼子板整体、翼子板数值、钢圈及轮胎、轮胎数值
检查要点	(1) 翼子板钣金损伤、喷涂状况，与保险杠、大灯、后车门接合处的接缝状况 (2) 通过胎纹尺测量轮胎磨耗情况，观察是否裂纹，查看轮毂材质、损伤情况 (3) C 柱有无变形、切割及喷涂痕迹

第 7 步：右后翼子板及右 C 柱检测，如表 3-16 所示。

表 3-16 右后翼子板及右 C 柱检测

检查部位	右后翼子板、右后轮胎、右后轮毂、右 C 柱
检查流程	距车一步近观
基本动作	站立、半蹲，从上到下，从外到内
检查方法	目测、工具检测
工具	手电筒、胎纹尺、油漆检测仪
照片拍摄	翼子板整体、翼子板数值、钢圈及轮胎、轮胎数值
检查要点	(1) 翼子板钣金损伤、喷涂状况，与保险杠、大灯、后车门接合处的接缝状况 (2) 通过胎纹尺测量轮胎磨耗情况，观察是否裂纹，查看轮毂材质、损伤情况 (3) C 柱有无变形、切割及喷涂痕迹 (4) 油箱盖接合处(有些车型在左后翼子板)是否有钣金、喷涂痕迹

第 8 步：右后车门及右 B 柱检测，如表 3-17 所示。

表 3-17 右后车门及右 B 柱检测

检查部位	右后车门、玻璃、内饰板、右 B 柱、底边梁
检查流程	距车一步近观，探身进入车内操作
基本动作	站立、半蹲，从上到下，从外到内
检查方法	目测、手摸、工具检测
工具	手电筒、油漆检测仪
照片拍摄	车门整体、车门油漆检测数据、车门内饰板、玻璃年份、车身密封条、车身焊点
检查要点	(1) 检查门框、门槛、门外板有否变形及喷涂状况，车门饰板，车门铰链螺栓有无拧动痕迹，封胶、胶条、焊点状况，车窗玻璃是否原装 (2) 查看密封胶时由车窗下前角起逆时针一周，检查框架时由前支柱与车顶支柱交界处起顺时针一周 (3) 检查 B 柱有无变形、切割及喷涂痕迹 (4) 检查门窗升降器开关状况、安全带功能是否异常及内饰清洁状况

第 9 步：右前车门及右 A 柱检测，如表 3-18 所示。

表 3-18 右前车门及右 A 柱检测

检查部位	右前车门、玻璃、内饰板、右 A 柱、右后视镜、底边梁
检查流程	距车一步近观，探身进入车内操作
基本动作	站立、半蹲，从上到下，从外到内
检查方法	目测、手摸、工具检测
工具	手电筒、油漆检测仪
照片拍摄	车门整体、车门油漆检测数据、车门内饰板、玻璃年份、车身密封条、车身焊点
检查要点	(1) 检查门框、门槛、门外板有否变形及喷涂状况，车门饰板，车门铰链螺栓有无拧动痕迹，封胶、胶条、焊点状况，车窗玻璃是否原装 (2) 查看密封胶时由车窗下前角起逆时针一周，检查框架时由前支柱与车顶支柱交界处起顺时针一周 (3) 检查 A 柱有无变形、切割及喷涂痕迹，后视镜有否损伤及修补痕迹 (4) 检查门窗升降器开关状况、安全带功能是否异常及内饰清洁状况

第 10 步：右前翼子板检测，如表 3-19 所示。

表 3-19　右前翼子板检测

检查部位	右前翼子板，右前轮胎，右前轮毂
检查流程	距车一步近观
基本动作	站立、半蹲，从上到下，从外到内
检查方法	目测、工具检测
工具	手电筒、胎纹尺、油漆检测仪
照片拍摄	翼子板整体、翼子板数值、钢圈及轮胎、轮胎数值
检查要点	(1) 翼子板钣金损伤、喷涂状况，与保险杠、大灯、前车门接合处的接缝状况 (2) 通过胎纹尺测量轮胎磨耗情况，观察是否有裂纹，查看轮毂材质、损伤情况

第 11 步：车辆前、后部及底盘检测，如表 3-20 所示。

表 3-20　车辆前、后部及底盘检测

检查部位	前挡风玻璃、前大灯、发动机盖、车顶、保险杠、中网、机舱、发动机外观、水箱框架、前内侧板、纵梁、减震器上座、防火墙、发动机、变速箱传动轴及万向节、前悬架、后悬架、助力转向系统、车身底边、车身底板、排气系统、后盖、后挡、后围、后窗台板、后备胎箱、后尾灯
检查流程	距车一步，掀开机盖，欠身近观，机械性能→电子电器性能→油液
基本动作	站立、从上到下，从左到右，由远及近，微欠身
检查方法	手摸、目测、工具检测
工具	手电筒、小镜子、漆面检测仪、放电叉
照片拍摄	左右大灯、前围、机盖、左前纵梁、右前纵梁、左前叶子板减震接缝、右前叶子板减震接缝、发动机舱整体、后围、左后纵梁、右后纵梁、后备胎箱、后备胎及附件、左后叶子板接缝、右后叶子板接缝、左右后尾灯、后盖、左前悬架、右前悬架、左后悬架、右后悬架、后排气管、放电叉数值、前挡、后挡
检查要点	(1) 前大灯、前挡风玻璃是否损伤，前保险杠和中网状况 (2) 发动机舱盖是否更换，封胶、焊点、铰链螺栓、表面喷涂 (3) 隔音板是否更换、拆装、新旧程度，是否泡水、过火，雨刮器喷嘴及水管状况 (4) 注意发动机舱盖面是否波纹状，发动机舱盖与前脸、前翼子板之间缝隙是否均匀 (5) 鉴定 VIN 码和发动机号，注意有无号码不一致情况，铭牌有无缺损及位置移动现象，车架号周边有无切割痕迹，如有上述现象，怀疑可能是事故车或拼装车 (6) 左右内侧板、防火墙、左右减震器支架、水箱支架有否损伤、修复及修复程度 (7) 各散热器、发动机缸体、缸盖有否损伤、变形，是否更换，发动机运转是否平稳，有无异响及异响部位，进排气支管与缸盖接合处是否串气，转向机、半轴是否漏油，空调制冷状况，ABS 泵完好程度，油液数量和质量 (8) 如检查发现机油中有冷却液混入，检查发现机盖外有机油渗漏，则应在技术状况缺陷描述中分别予以注明，并提示修复前不宜使用

“好车匠”十一步检测法二手车检测报告如表 3-21 所示。

表 3-21　“好车匠”十一步检测法二手车检测报告

检测时间：　　　　评测师：

号牌号码		厂牌型号		客户姓名		客户性别	
初登时间		行驶里程		排放标准		车身颜色	
年检到期时间		交强险到期时间		商业险到期时间		过户次数	
有无购车发票		是否 4S 店保养		评估价格			

续表

事故排除	排除重大撞击	1. 左A柱		2. 左B柱		3. 左C柱	
		4. 左前减震器悬挂		5. 左前纵梁		6. 左后减震器悬挂	
		7. 右A柱		8. 右B柱		9. 右C柱	
		10. 右前纵梁		11. 右前减震器悬挂		12. 右后减震器悬挂	
		13. 防火墙		14. 车身底板		15. 后备厢底板	
		16. 车身左右对称性					
	排除水泡车	1. 安全带根部		2. 座椅弹簧和内套绒布		3. 仪表台座内电线和接头	
		4. 水箱及水箱前板		5. 散热片及引擎旁零件		6. 马达及电线插座	
	排除火烧车	1. 发动机线束及橡胶制品		2. 车辆覆盖件			
安全检测	被动安全	1. 被动安全		2. 安全气囊		3. 安全气帘	
		4. SRS		5. ABS			
	排除起火隐患	1. 油箱		2. 进油管		3. 回油管	
	指示灯检测	1. 左前大灯		2. 左前转向灯		3. 左前雾灯	
		4. 后雾灯		5. 左后转向灯		6. 左后刹车灯	
		7. 右前雾灯		8. 右前大灯		9. 右前转向灯	
		10. 高位刹车灯		11. 右后转向灯		12. 右后刹车灯	
		13. 倒车灯					
	刹车系统	项　目		左前	右前	左后	右后
		1. 刹车系统					
		2. 制动卡钳					
		3. 刹车油管					
	轮胎	项　目		左前	右前	左后	右后
		1. 胎纹深度/mm					
		2. 胎压/Bar					
外观及内饰检测	外观	项　目			损伤	漆面修复	钣金修复
		1. 前保险杠					
		2. 左前翼子板					
		3. 左前车门					
		4. 左后车门					
		5. 左后翼子板					

续表

		项　目			损伤	漆面修复	钣金修复
外观及内饰检测	外观	6. 后保险杠					
		7. 后盖					
		8. 右后翼子板					
		9. 右后车门					
		10. 右前车门					
		11. 右前翼子板					
		12. 机盖					
		13. 车顶					
		14. 全车玻璃					
	全车内饰	新		旧		一般	
驾车检测	动态检测	项　目	启动	起步	加速	匀速行驶	减速与制动
		1. 发动机					
		2. 变速箱					
		3. 传动系统					
		4. 制动系统					
		5. 转向系统					
	排查烧油、漏油、漏水	项　目		发动机	变速箱	转向机	制动系统
		1. 油液位及品质正常					
		2. 油封不泄露					
		3. 防冻液位及品质正常					
电控设备检测		1. 发动机		2. 电子防盗		3. 定速巡航系统	
		4. 变速箱		5. 中控锁		6. 中控大屏幕	
		7. 电动助力		8. 智能钥匙		9. 多媒体音箱	
		10. 电子驻车		11. 电控天窗		12. 前后空调	
备注：							

5. 二手车技术状况和车况检测图例

1）汽车基本信息核实登记

首先对汽车的基本信息进行核实登记，车辆信息登记见表 3-21。拍摄照片的方位如图 3-68和图 3-69 所示。

(a) 车辆正面照

(b) 车辆正后照

图 3-68　车辆前后照

图 3-69　铭牌基本信息

2）十一步法车辆检测图例

（1）车身外侧检测。

车身外侧检测如图 3-70～图 3-75 所示。

图 3-70　左前 45°车身腰线

图 3-71　右前 45°车身腰线

图 3-72　左后 45°车身腰线

图 3-73　右后 45°车身腰线

图 3-74　左正车身腰线

图 3-75　右正车身腰线

(2) 驾驶舱及电脑检测。

用电脑检测仪表检测安全指示灯、气囊等被动安全项；检查发动机及变速箱有无故障，系统是否正常；检查仪表台及各装饰件安装紧密度和协调性；检查仪表公里数；检查方向灯开关及雨刮器、方向盘多功能开关、四门窗及反光镜、电动座椅、电动天窗，如图 3-76 和图 3-77 所示；检查中控台及出风口(见图 3-78)；检查音响、导航、空调等控制开关(见图 3-79)；检查启动车辆时挂挡是否有冲击，排挡杆是否有过度磨损(见图 3-80)；检查右出风口、副气囊盖板等(见图 3-81)；检查左出风口及大灯开关(见图 3-82)；检查雨刮器及方向开关是否过度磨损(见图 3-83)；检查刹车及油门踏板是否过度磨损(见图 3-84)。

图 3-76　驾驶舱

图 3-77　检查仪表

图 3-78 检查中控台及出风口

图 3-79 检查音响、导航、空调等控制开关

图 3-80 检查启动车辆时挂挡是否有冲击，排挡杆是否有过度磨损

图 3-81 检查右出风口、副气囊盖板等

图 3-82 检查左出风口及大灯开关

图 3-83 检查雨刮器及方向开关是否过度磨损

(3) 左前翼子板检测。

检查左前翼子板，检查项目包括油漆钣金、轮胎厚度、钢圈刮擦、刹车片刹车盘磨损及减震器漏油情况，如图 3-85 所示。

(4) 左前车门及左 A 柱检测。

检查车辆左前车门、玻璃、内饰板、左 A 柱、左后视镜、底边梁，如图 3-86～图 3-89 所示。

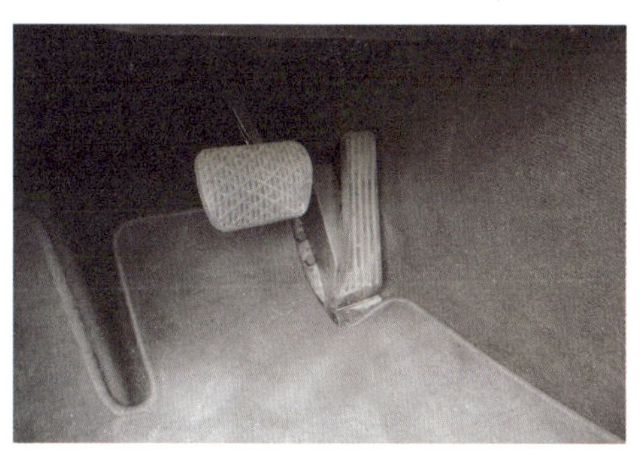

图 3-84　检查刹车及油门踏板是否过度磨损

图 3-85　检查左前翼子板

图 3-86　检查左前车门及左 A 柱

图 3-87　检查车门内饰板安装位置有无拆装（左前车门及左 A 柱）

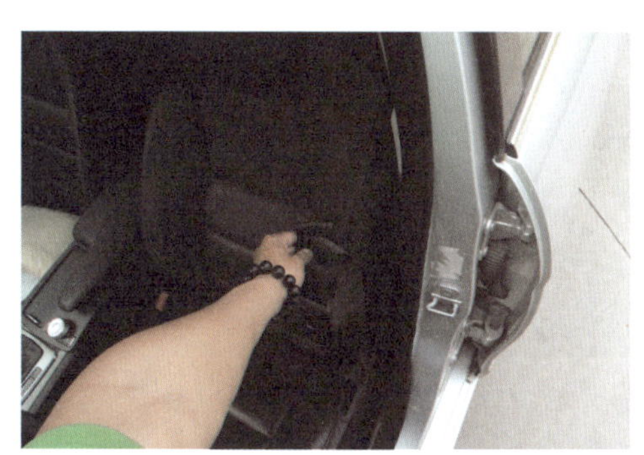

图 3-88　检查安全带底部有无水泡痕迹（左前车门及左 A 柱）

图 3-89　检查座椅磨损、座椅底部有否锈蚀、功能是否完好（左前车门及左 A 柱）

(5) 左后车门及左 B 柱检测。

检查左后车门、玻璃、内饰板、左 B 柱、底边梁，如图 3-90～图 3-94 所示。

(6) 左后翼子板及左 C 柱检测。

检查左后翼子板，检查项目包括油漆钣金、轮胎厚度、钢圈刮擦、刹车片刹车盘磨损及减震器漏油情况，检查 C 柱，如图 3-95 和图 3-96 所示。

图 3-90　检查左后车门、玻璃、内饰板、左 B 柱、底边梁

图 3-91　检查车门内饰板安装位置有无拆装

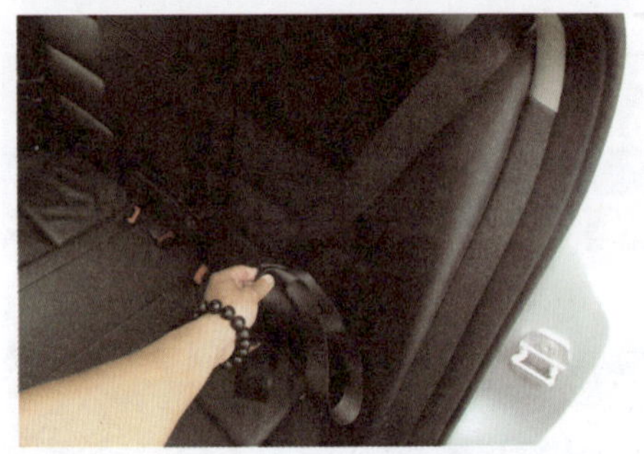

图 3-92　检查安全带底部有无水泡痕迹（左后车门及左 B 柱）

图 3-93　检查座椅磨损、座椅底部有否锈蚀、功能是否完好（左后车门及左 B 柱）

图 3-94　车内顶完整性检查（左后车门及左 B 柱）

图 3-95　检查左后翼子板及 C 柱

图 3-96　用轮胎测厚仪测量轮胎厚度

（7）右后翼子板及右C柱检测。

检查右后翼子板，检查项目包括油漆钣金、轮胎厚度、钢圈刮擦、刹车片刹车盘磨损及减震器漏油情况，检查C柱，如图3-97所示。

（8）右后车门及右B柱检测。

检查右后车门、玻璃、内饰板、右B柱、底边梁，如图3-98～图3-102所示。

图3-97　检查右后翼子板

图3-98　检查右后车门、玻璃、内饰板、右B柱、底边梁

图3-99　检查车门内饰板安装位置有无拆装（右后车门及右B柱）

图3-100　检查安全带底部有无水泡痕迹（右后车门及右B柱）

图3-101　车内顶完整性检查(右后车门及右B柱)

图3-102　后排座椅整体性检查

（9）右前车门及右A柱检测。

检查车辆右前车门、玻璃、内饰板、左A柱、左后视镜、底边梁，如图3-103～图3-106所示。

图 3-103　检查车辆右前车门

图 3-104　检查车门内饰板安装位置有无拆装（右前车门及右 A 柱）

图 3-105　检查安全带底部有无水泡痕迹（右前车门及右 A 柱）

图 3-106　检查座椅磨损、座椅底部是否锈蚀、功能是否完好（右前车门及右 A 柱）

（10）右前翼子板检测。

检查右前翼子板，检测项目包括油漆钣金、轮胎厚度、钢圈刮擦、刹车片刹车盘磨损及减震器漏油情况，如图 3-107 所示。

图 3-107　检查右前翼子板

（11）车辆前、后部及底盘检测。

检查车辆前、后部及底盘项目如图 3-108～图 3-115 所示。检查油液位及品质正常，油封不泄露，线路管无剥落，缸压正常，检查左、右车身前大梁（见图 3-108）。检查左、右机盖铰链有无拆卸痕迹，翼子板内加强件有无物理变形（见图 3-109）。其他各项目见图 3-110～图 3-118。

图 3-108 检查油液位及品质、线路、缸压、左、右车身前大梁等

图 3-109 检查左、右机盖铰链和翼子板内加强件

图 3-110 检查大灯功能性，灯碗内部有无水泡痕迹

图 3-111 底盘前部检查

图 3-112 油漆检测仪检测车身油漆面

图 3-113 检查车顶完整性、天窗密封性

图 3-114 后备厢整体检查

图 3-115 后盖及后盖铰链拆装检查

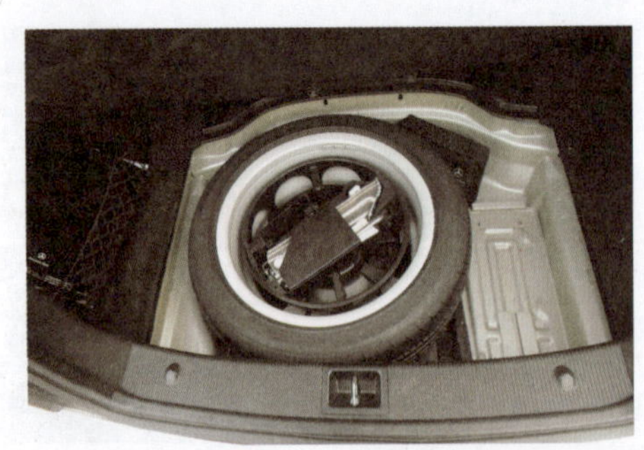

图 3-116　后备胎及工具检查，左、右车身大梁检查

图 3-117　底盘后部检查

图 3-118　检查尾灯功能性，灯碗内部有无水泡痕迹

6. 二手车评估价计算举例

1）重置成本法

例 3-1　某公司欲出售一辆宝马 320Li。根据调查，目前全新的此款车的售价为 33.5 万元。至评估基准日止，该车已经用了 2 年 6 个月，累计行驶里程 65000km。经现场查勘，该车车身处有两处擦伤痕迹，后悬架局部存在故障，前排座椅电动装置工作不良，一侧电动车窗不能正常工作，发动机工作不正常，其他车况均与车辆的新旧程度相符，试评估该车的价值。

解：（1）根据调查和比较，该车的重置成本为 33.5 万元，功能性贬值、经济性贬值均很小，可忽略不计。

（2）由于被评估车辆的价值较高，故决定采用部件鉴定法确定其成新率。

根据被评估车辆上的各主要部分价值及重要性占整车价值及重要性的比重，按百分比确定各部分的权重，见表 3-22。

表 3-22　车辆上的各总成部件的权重、成新率和加权成新率

总成部件	权重/%	成新率/%	加权成新率/%
发动机及离合器总成	25	90	22.5
变速器及传动轴总成	12	90	10.8
悬挂与车桥	18	75	13.5
制动系统	6	90	5.4

续表

总成部件	权重/%	成新率/%	加权成新率/%
车身总成	28	80	22.4
电气仪表系统	7	80	5.6
轮胎	4	90	3.6
合　计	100		83.8

(3) 计算车辆的评估值

$$车辆的评估值=33.5\times83.8\%=28.07(万元)$$

例 3-2　某汽车租赁公司的一辆桑塔纳 2000 出租车，初次登记日期为 2000 年 4 月，2005 年 4 月欲将此出租车对外转让，已知该款全新车辆的市场销售价为 119800 元。该车常年工作在市区或市郊，工作繁忙，但工作条件较好，经检查维护保养较差，技术状况很一般。试用重置成本法评估该车价格，并用综合分析法求其成新率。

解：本次评估采用重置成本法，重置成本的确定仅考虑新车价格和购置税部分。采用等速折旧法和综合调整系数确定综合成新率。计算过程如下。

(1) 根据题意，采用重置成本法评估该车价值。

(2) 该车已使用 5 年，共 60 个月，规定使用年限 8 年，共 96 个月。

(3) 综合调整系数的计算。

该车技术状况一般，调整系数取 0.5，权重 30%；该车维护保养较差，调整系数取 0.6，权重 25%；该车制造质量属国产名牌，调整系数取 0.9，权重 20%；该车工作性质为出租，调整系数取 0.5，权重 15%；该车工作条件较好，调整系数取 1.0，权重 10%。

综合调整系数：

$$\beta=0.5\times30\%+0.6\times25\%+0.9\times20\%+0.5\times15\%+1.0\times10\%=65.5\%$$

(4) 成新率 $C=\left(1-\frac{60}{96}\right)\times65.5\%\times100\%=24.6\%$。

(5) 重置成本 $R=119800$ 元。

(6) 评估值 $P=119800\times24.6\%=29470.8$(元)。

综合调整系数见表 3-4。

2) 现行市价法

例 3-3　现在要评估一辆汉兰达，与二手车市场上获得的市场参照物的品牌型号，购置年、月、日，行驶里程，整车的技术状况基本相同。区别在于以下两方面。

(1) 参照物的悬挂、灯具大灯、翼子板、轮胎等各项损坏需维修更换，费用约 10000 元。

(2) 被评估车辆改装了一套索尼 DVD 音响，价值 6000 元。

参照物的市场交易价为 246800 元，试计算被评估轿车的价值。

解：被评估轿车价值为

$$P=P'+P_1-P_2=246800+6000-10000=242800(元)$$

3) 收益现值法

例 3-4　2015 年 5 月，上海的李先生打算在二手车市场购置一辆沪 BX 营运车桑塔纳用于个体出租运营。该车的基本信息及经营预测如下。

2010年5月购买，并于当月完成车辆登记手续，已行驶里程为40万千米。目前车辆的技术状况良好，能正常运行；如用于出租车运营，全年预计可出勤320天。根据上海市场调查，该车型每天平均毛收入约550元，每天耗油费用150元，年检、保险及各种应支出费用每年10000元，年日常维修保养费用约12000元，年平均大修费用约1000元，人员劳务费16000元。根据目前银行储蓄年利率、行业收益等情况，确定资金预期收益率为15%，风险报酬率为5%。假设每年的纯收入相同，试结合上述条件评估该车可接受的最大投资额是多少。

解：(1) 根据题目条件，评估方法采用收益现值法。

(2) 收益期n的确定：从车辆登记日(2010年5月)至评估基准日(2015年5月)，该车已使用时间为5年，根据国家《汽车报废标准》的规定，出租车的规定运营年限为8年，车辆剩余使用寿命为3年，即收益期$n=3$。

(3) 预期收益额的确定如下。

① 根据题设条件，计算预计年毛收入，具体计算见表3-23。

表3-23　计算预计年毛收入

预计年收入/元	预计年支出/元		预计年毛收入/元
550×320=176000	燃油费	150×320=48000	79000
	保险费、检车费、车船使用税、停车费等费用	10000	
	维修保养费	12000	
	车辆大修费	1000	
	司机工资	26000	

② 计算年预计纯收入：根据规定应缴纳的所得税税率为30%，故年预计纯收入为

$$79000\times(1-30\%)=55300(\text{元})$$

③ 预期收益额：A=年预计纯收入，为55300元。

(4) 折现率的确定：

$$\text{折现率}=\text{无风险报酬率}+\text{风险报酬率}=15\%+5\%=20\%$$

(5) 计算评估值为

$$P=P\cdot(P/A,i,n)=55300\times(P/A,20\%,3)=55300\times2.106=116462(\text{元})$$

4) 清算价格法

例3-5　某法院欲将其扣押的一辆斯太尔重型集卡拍卖出售。至评估基准日止，该汽车已使用了1年6个月，车况与其新旧程度相符。试评估该车的清算价格。

解：(1) 确定车辆的重置成本全价。

据市场调查，全新的此型车目前售价为21.38万元。根据相关规，购置此型车时，要缴纳10%的车辆购置税、3%的货运附加费，故被评估车辆的重置成本费全价为

$$\text{重置成本全价}=21.38+\frac{21.38}{1.17}\times10\%+21.38\times3\%=23.85(\text{万元})$$

(2) 确定车辆的成新率。

被评估车辆的价值不高，且车辆的技术状况与其新旧程度相符，故决定采用使用年限法中的等速折旧法来确定其成新率。

根据国家规定，被评估车辆的使用年限为10年(120个月)，该车已使用年限为1年6个月(18个月)，故被评估车辆的成新率为

$$成新率=1-\frac{18}{120}\times 100\%=85\%$$

(3) 确定被评估车辆在公平市场条件下的评估值。

根据调查了解，被评估车辆的功能损耗及经济性损耗均很小，可忽略不计。故在公平市场条件下，该车的评估值为

$$23.85\times 85\%=20.27(万元)$$

(4) 确定折扣率。

根据市场调查，折扣率75%时，可在清算日内出售车辆，故确定折扣率为75%。

(5) 确定被评估车辆的清算价格。

$$车辆的清算价格=20.27\times 75\%=15.2(万元)$$

5) 成本折旧法

例3-6　2010年5月，某二手车销售公司欲收购一辆一汽捷达轿车，车辆基本情况如下。车型：捷达伙伴；型号：CIF基本型；注册登记日期：2008年5月；行驶里程：40000km；车辆基本配置：排量1.8L、多点电喷发动机、5挡手动变速器、发动机最大功率70km、转向助力、ABS、电动门窗、防眩目后视镜、中控锁、发动机防盗、手动空调系统、单碟CD及调频收音机、四扬声器音响系统、钢轮毂。

经核对相关税费票据、证件(照)齐全有效。该车目前市场行情价为74800元，试确定其收购价格(残值忽略不计)。

解：(1) 采用成本折旧法计算收购价格。

(2) 从2008年5月至2010年4月，该车已使用2年，按国家汽车报废标准，该车规定使用年限为15年。

(3) 重置成本价格 $P'=74800$ 元，残值忽略不计。

(4) 分别以等速折旧法、年份数求和折旧法和双倍余额递减折旧法计算累计折旧额。

① 等速折旧法。

$$A=\frac{D-K}{N}=\frac{74800}{15}=4986(元)$$

所以该车2年累计折旧额为9972元，该种评估的价格为 $P=74800-9972=64828$(元)。

② 年份数求和折旧法。

递减系数：

$$\gamma_n=\frac{N+1-T}{\frac{N(N+1)}{2}}=\frac{16-T}{120}$$

所以，该车折旧额 $A_n=(D-K)\times\gamma_n$，计算结果见表3-24。

该种评估的价格为 $P=74800-18076=56724$(元)。

③ 双倍余额递减折旧法。

表 3-24　年份数求和折旧法

年　　份	重置成本/元	递减系数	年折旧额/元	累计折旧额/元
2008.5—2009.4	74800	15/120	9350	9350
2009.5—2010.4		14/120	8726	18076

双倍等速折旧率：$\gamma=\frac{2}{N}=\frac{2}{15}$。

所以，年折旧额 $A_n=P_{n-1}\times\gamma$，其计算结果见表 3-25。

表 3-25　双倍余额递减折旧法

年　　份	重置成本/元	年折旧率	年折旧额/元	累计折旧额/元
2008.5—2009.4	74800	2/15	9973	9973
2009.5—2010.4	64827	2/15	8644	18617

该种评估的价格为 $P=74800-18617=56183$(元)。

复习与思考

1. 判断题

(1) 现行市价法又称市场法或市场价格比较法。　(　　)

(2) 用现行市价法评估二手车没有包含被评估车辆的各种贬值因素。　(　　)

(3) 直接市价法是指在市场上找到与被评估车辆完全相同的车辆现行市价，并依其价格直接作为被评估车辆评估价格的一种办法。　(　　)

(4) 如果没有对评估车辆的历史判断和记录，运用重置成本法评估车辆的价值也是可能的。　(　　)

(5) 利用使用年限法计算得到的成新率与车辆的日常使用强度和车况有关。(　　)

(6) 成本比率估价法是用二手车的交易价格与重置成本之比来反映二手车的保值程度。　(　　)

2. 选择题

(1) 通过市场调查选择一个或几个与评估车辆相同或类似的车辆作为参照物，分析参照物的构造、功能、性能、新旧程度、地区差别、交易条件及成交价格等，并与评估车辆一一对照比较，找出两者的差别及差别反映在价格上的差额，经过调整，计算出旧机动车的价格，这种评估方法称为(　　)。

A. 成本比率估价法　　B. 直接市价法

C. 重置成本法　　D. 现行市价法

(2) 影响二手车成新率的主要因素有(　　)。

A. 二手车技术状况　　B. 二手车维修养护

C. 二手车原始制造质量　　D. 二手车用途　　E. 使用条件

(3) 车辆的贬值一般体现在(   )上。

A. 实体性贬值　　B. 功能性贬值　　C. 经济性贬值

(4) 使用(   )计算二手车成新率只从单一因素考虑了二手车的新旧程度,是不完全也是不完整的。

A. 年限法　　B. 部件鉴定法　　C. 整车观测法　　D. 综合成新率

3. 计算题(计算题参考答案见书后)

(1) 某学校2003年2月购得全顺17座客车一辆,于同年3月上牌使用,该车属普通漆,经市场调查得知全新金属漆全顺17座客车市场销售价格为163600元,而金属漆较普通漆高出5000元,综合调整系数取为0.75,试评估该车在2007年2月的市场价值。

(2) 有一辆上海通用别克GL8私用轿车,初次登记日期为2002年3月,于2007年3月到交易市场评估,经检查该车已经行驶16万千米,该车档次较高,车辆外观较完整,车辆侧面有几条划痕,右前翼子板更换过,后保险杠也有轻微碰撞痕迹,前挡风玻璃有轻微破损修复痕迹,传动带有老化痕迹,底盘两侧加强钢梁下方有轻微损伤,其他基本正常。该款新车类似配置的最低包牌价为30万元。试用综合分析法求该车价格。

(3) 某车主到旧机动车市场交易车辆,该车为上海大众桑塔纳2000轿车,初次登记日期为2004年11月,于2012年5月到交易市场评估,经检查该车已经行驶10.3万千米,该车为基本配置,各证件、税费齐全,经检查:车辆启动后,噪音稍大,怠速状态下发动机有轻微的抖动现象,热车后情况有所好转。行驶中车辆的发动机工作正常,变速箱性能较好,离合器、刹车、油门踏板工作正常。车辆的转向、刹车工作正常。车辆尾气检查中没有发现冒黑烟、蓝烟的现象,车辆发动机燃烧良好。该款新车类似配置的最低包牌价为81000元。试用综合分析法求该车价格。

模块 4

二手车网络电商的发展

◎学习目标

1. 知识目标

（1）能够描述当前二手车电子商务市场的概况。

（2）能够说出中国二手车电子商务核心运营模式。

（3）能够描述中国二手车电子商务市场发展趋势。

2. 能力目标

（1）能够上网查阅中国二手车电子商务市场的信息。

（2）能够分析比较二手车电商的特点和经营模式。

◎案例导入

某职业院校大三学生小陈准备投简历，到某二手车电商去求职，他想了解二手车电商的经营模式，二手车电商具有哪些工作岗位，能否在二手车电商平台上展现自己的理想目标。

◎服务方案

（1）认真学习本模块。

（2）上网查阅相关资料。

（3）走向社会开展调研，获取第一手资料，然后确定是否在二手车电商平台上展现自己的理想目标，以及如何在二手车电商平台上实现自己的理想目标。

4.1 二手车电子商务市场概述

近年来，随着经济的发展和人们消费观念的转变，二手车市场得到了迅速发展。但传统的二手车销售模式存在诸多问题，市场较为分散，阻碍了二手车买卖双方交易的达成，二手车市场发展受限。

如今，电子商务的蓬勃发展，互联网已经渗透到了经济生活的各个领域，为传统二手车营销模式向电商模式的转变提供了良好的发展基础。基于互联网的二手车营销模式的兴起，在一定程度上改善了传统二手车销售信息不透明、诚信度低、漫天要价等弊端，转变为以客户为中心的营销方式，促进了二手车的交易流通。

4.1.1 中国二手车电子商务市场概述

1. 二手车电子商务的概念

二手车电子商务是通过互联网或其他数字化媒介渠道，进行二手车资讯传播及交易的形式。它充分利用现代信息技术提供的条件，打破时间和空间的限制，借助丰富的二手车资源，形成在线的二手车资讯交互机制，实现了有别于传统二手车检测、销售的全新方式。

2. 二手车电子商务的特点

1）广泛性

二手车电子商务继承了互联网的发展基因，拥有广泛的目标用户群，且突破了传统二手车交易的地域局限，通过互联网实现信息广泛覆盖；通过汽车检测、在线支付、汽车物流及积极的线下业务网络布局，实现了二手车全国范围内的广泛流通，让中国二手车拥有更广阔的市场。

2）真实性

二手车"一车一况"的特殊性，让传统二手车市场的检测和定价较为困难。二手车电商的检测让车况、车价真实透明，建立二手车销售市场的信誉，获得消费者的信任。

3）实时性

通过互联网的实时传播，让各地二手车信息更便捷地向更广的范围及时传输，增加了市场的活力与效率。

4）集中性

传统二手车发展速度较慢的一个重要原因就是市场集中度较低、车辆信息碎片化，难成规模。二手车电商运用互联网的信息整合能力，将二手车信息集中发布，提高了市场集中度。

5）便捷性

二手车电子商务平台运用互联网技术提供从验车、达成交易、支付、过户、提车物流等

一系列完整的配套服务，让二手车交易更加便捷。

4.1.2 中国二手车电子商务产业链概述

二手车和电商的结合带动了整个二手车市场的蓬勃发展。目前，中国二手车电商交易平台主要包括C/B2B竞拍模式、C2C寄售模式、C2C虚拟寄售模式、B2C卖场模式、第三方估值模式、垂直搜索以及交易资讯平台模式，其中竞拍模式成交量约占总成交量的六成以上。

1. 二手车车源

二手车车源有：汽车主机厂商、汽贸集团、4S店、租赁公司、公务用车、个人车主等。

2. 二手车交易服务商

(1) B2B竞拍模式：优信拍等。

(2) C/B2B竞拍模式：车易拍等。

(3) C2B竞拍模式：开新帮卖等。

(4) C2C寄售模式：大搜车、卓杰行二手车、百优卡、M2二手车(原安美途)等。

(5) C2C虚拟寄售模式：人人车、赶集好车等。

(6) B2C卖场模式：优车诚品、车王、帅车网等。

(7) 第三方估值模式：精真估、公平价、CHE300等。

(8) 交易资讯模式：二手车之家、易车二手车、第一车网、51汽车、车101、搜狐二手。

(9) 垂直搜索模式：车多少等。

3. 行业监管机构

行业监管机构有：中国汽车流通协会等。

4. 政府监管机构

政府监管机构有：商务部、国务院、交通部等。

中国二手车产业链图如图4-1所示。在整个产业链条中，第三方估值服务平台和交易资讯平台，均承担了更多的二手车信息传播功能，成为整个产业链中不可或缺的信息来源和评估数据供应方。此外，竞拍模式及寄售模式的二手车电商交易平台，则参与车辆交易并提供交易服务，连接上、下游交易方。以下对涉及车辆交易的几种模式进行核心分析。

4.1.3 中国二手车电子商务核心运营模式

中国二手车线下交易仍占主流，二手车电商仍处于发展初期，各参与企业都在积极探索全新的运营模式。表4-1列举了市场上的几种重要模式及代表企业。

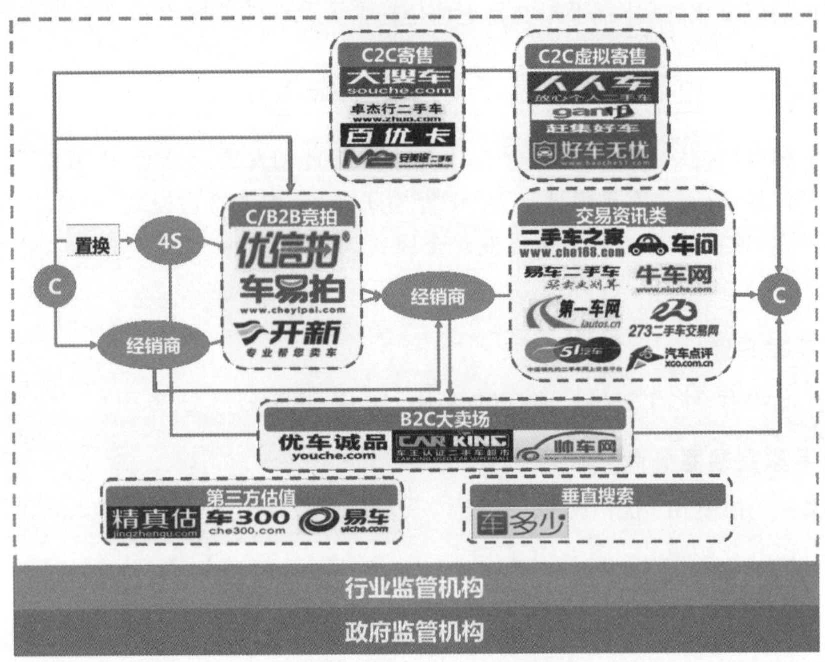

图 4-1　中国二手车产业链图

表 4-1　2014 年下半年中国二手车电子商务核心运营模式

二手车电商类型	企 业 特 点	代 表 企 业
C/B2B 竞拍模式	(1) 主要包括 C2B、B2B 两种模式 (2) O2O 闭环交易提供车辆检测服务、竞价服务及线下支付过户服务，按比例收取佣金及服务费。高效、便捷、透明 (3) “线上竞价平台”或配合“线下拍卖中心”模式，网络布局广泛，用户众多，可实现车辆批量全国跨区域流通或省内流通	优信拍、车易拍、开新帮卖等
C2C 寄售模式	(1) 线上服务＋线下实体店，为 C 端消费者提供二手车寄售、代卖及定制化二手车交易服务 (2) 注重产品及营销，无法实现批量销售	大搜车、百优卡、卓杰行二手车等
C2C 虚拟寄售模式	(1) 扮演中介＋服务的角色 (2) 涵盖二手车售后、保养等服务 (3) 相比 C2C 寄售，C2C 虚拟寄售以线下二手车售后、保养为主要盈利点 (4) 无法实现批量销售	人人车、赶集好车、好车无忧等
B2C 大卖场模式	(1) 建立二手车交易实体店，重资产模式 (2) 将二手车作为资产在银行进行抵押	车王、优车诚品等
第三方估值模式	第三方估价平台	精真估、公平价、车 300 等
垂直搜索以及交易资讯平台模式	通过互联网为买卖双方提供在线信息服务、中介服务、市场咨询、信息服务等产品服务	二手车之家、易车二手车、51 汽车网、第一车网、273 二手车交易、车 101 等

互联网平台将推动二手车市场的扩大，并改善二手车市场的交易环境。竞拍模式在

现阶段的交易量最大，其次是寄售模式。其中，竞拍模式由于可促进市场信息更趋向对称、透明、交易价格更趋向合理，是目前中国二手车流通的支柱模式。寄售等模式的优势是更贴近C端用户，但是由于交易频次低，交易量少，短时间内不足以同竞拍模式竞争。

4.1.4　中国二手车电子商务PEST分析

1. 政策环境

二手车是政策依赖度较高的行业，目前国家和地方政府相继出台的汽车限购、二手车限迁、二手车经销商税收等政策，导致二手车的流通受限。但同时，国家二手车检测标准、临时产权制度等政策的出台，对规范二手车市场的车况检测、过户规范、简化交易过户流程等方面均有利好促进作用。重要政策摘要及解读如下所述。

(1)“限购令”城市或将增加，限购城市二手车外迁需求提升。

为解决城市交通拥堵问题，2010年12月北京首次正式公布了《北京市小客车数量调控暂行规定》，成为国内首个发布汽车“限购令”的城市。目前上海、北京、广州、深圳等7个城市均采取了限购措施。据国家信息中心信息资源开发部预测，未来出台限购政策的城市数量仍有可能增加。

汽车限购对缓解大、中型城市的交通和环境压力有利好作用。限购政策虽然限制了新车销量，但却大幅提升了限购城市的车辆置换量，限购城市产生大量二手车需要外迁，为限购城市二手车向全国大流通趋势发展提供了动力。

(2)国四标准城市数量上升，“限迁”政策更加严格。

自2011年起，全国各地以环保为由，限制非本地老旧车辆迁入。到目前为止，全国已有93%地级以上城市限制外地不能达到环保要求的老旧车迁入。目前各地方政府出台的限迁政策呈现愈演愈烈之势，甚至有的地区出现不合理的限迁要求。据公开资料显示，目前超过90%的省、市出台地方性质的限迁政策，对于二手车全国性的流通产生了极大影响。

为促进汽车的合理流通，中国汽车流通协会向环保部提交了《关于取消地方城市限制二手车迁入不合理规定的建议》，建议取消各地自行出台的不合理“限迁”政策，明确机动车年检排放标准作为机动车迁入的唯一标准，只要符合当地在用车辆的排放标准，即可允许登记上牌，不应对需迁入的二手车采取“双重标准”的歧视政策。

各地方出台的政策缺乏统一标准，将导致一、二线城市8年以上老旧二手车无法正常外迁，随之将滋生地方违规落户灰色利益链条、二手车“迁黑”暗箱操作等弊端，此现象不仅不利于车辆管控，更阻碍地方淘汰老旧产能、造成一线城市老旧二手车延长使用时间。长此以往，全国二手车的流动更新将大幅受阻，进而影响新车销量的整体提升。

截至2014年12月，国五标准以上的城市有23个，同上半年相比，数量增加了11个，除了北京、上海等一线城市外，还有石家庄等二、三线城市，甚至不乏张家口、邢台等四、五线城市。国四标准以上301个，同上半年相比，增加了85个。限迁政策并不能从根本上解决环境问题，而适当放宽二手车的限迁政策，能够扩大优质二手车辆的流通范围，促进全国整体老旧车辆的更新换代，进而改善环境。

(3)《二手车流通管理规范》即将出台，改善二手车行业环境。

该规范是二手车流通企业强制准入标准，对二手车交易市场、二手车经销商、二手车拍卖公司、二手车经纪公司、二手车鉴定评估机构及人员素质条件等提出更高要求。

《二手车流通管理规范》的出台，对于改善二手车交易环境是利好，对于提升用户体验有极大帮助。

(4) 二手车临时产权制度缩短了二手车交易周期。

2009年国务院5号文件《汽车产业调整和振兴规划》中提出了“建立二手车临时产权登记制度”，为二手车的临时产权登记制度提供了法律基础。中国汽车流通协会根据《汽车产业调整和振兴规划》，提出了“建立二手车临时产权登记制度”的要求，并向国家公安部建议建立二手车临时产权登记制度，目前杭州和天津已经进入试行阶段。

通过二手车临时产权制度的进一步推行，二手车买卖的效率可以得到一定程度的提高，类似北京等限购城市的二手车商在收购时也可以摆脱“指标”限制，二手车过户程序也将得到极大的简化。

(5) 二手车交易税降低或将规范市场秩序，推动二手车交易。

中国汽车流通协会向国家税务总局办公厅提交了《调整二手车交易增值税征收方式的建议报告》。根据报告，对二手车交易税，将由现行的按照交易金额的2%计征，调整为按照增值部分来计征。

如果调整后的二手车增值税方案能够执行，会在很大程度上解放二手车经营赋税，进一步激发二手车市场的释放。

(6)《二手车鉴定评估技术规范》使二手车诚信问题得到改善。

为了促进二手车市场规范发展，2014年6月，首个国家《二手车鉴定评估技术规范》实施。规范包含近百条款项，内容涉及二手车鉴定评估机构条件和要求、鉴定评估程序、作业流程、受理鉴定评估、查验可交易车辆、签订委托书以及判别事故车、鉴定车辆技术状况、评估车辆价值等。要求对二手车进行量化的技术检测，包括对车身外观、发动机舱、驾驶舱、底盘等部位以及车辆启动、路试等104项检查内容，最终形成一份《二手车技术状况表》。没有鉴定评估能力的二手车经销商可以委托第三方机构，对二手车进行鉴定评估。

国家检测标准的出台为二手车的购买提供了鉴别标准和规范，有利于用户信任程度的提升，有利于二手车市场的健康长远发展。

(7) 简化二手车过户流程，提升用户体验。

广州汽贸协会开始向部分汽车交易市场推广新的二手车合同，并同车管所就一些细节正在进行协商，将相关责任下放到交易市场，以期实施更人性化的过户简化措施。

实施简化的过户措施，有利于二手车市场用户体验的提升，但为了避免出现纰漏，简化过程中必须实施标准化流程的合同。过户流程简化还需做出更大努力。

2. 社会环境

1) 网民数量持续增长，通过互联网获取信息成为习惯

据统计显示，截至2014年12月，中国网民规模为12.1亿，同比增长8.0%，预计2015—2018年，中国PC网民规模的增速将保持在8%左右，网民数量持续稳定增长，到2018年达到8.9亿。2014年移动互联网网民为5.6亿，同比增长11.3%，预计到2018年达到7.8亿。图4-2为2010—2014年中国PC网民及移动网民规模(2014年数据为

CNNIC 数据，2015—2017 年数据为艾瑞根据 IUT 数据及艾瑞预测模型估算）。

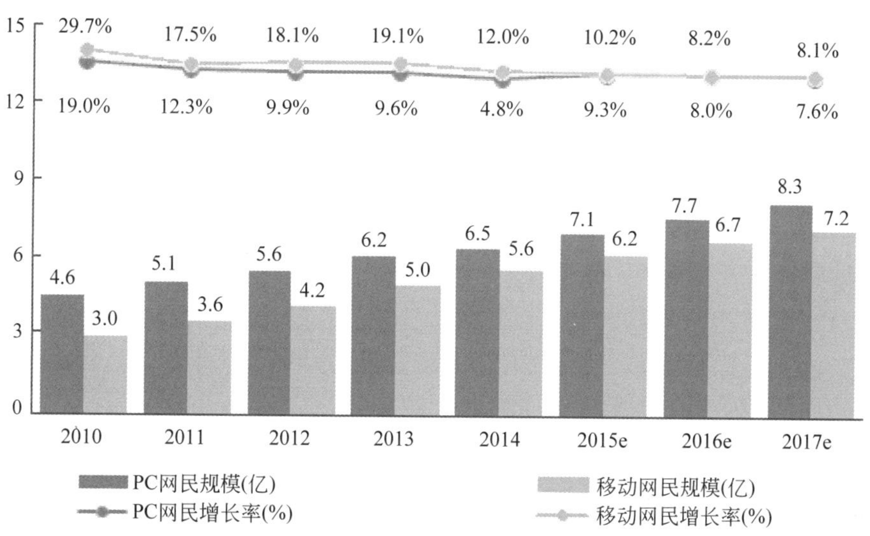

图 4-2　2010—2014 年中国 PC 网民及移动网民规模

随着网民规模不断扩大，互联网开始渗透到日常生活的各个方面，人们越来越习惯于通过互联网获取信息，带动了传统行业转型的不断深化，为二手车电子商务发展奠定了基础。

2）汽车保有量持续攀升，二手车销量稳定增长

综合国家统计局和中国汽车流通协会数据显示，近年来，中国汽车保有量和二手车销售量持续增长。图 4-3 为 2008—2014 年中国汽车保有量及二手市场销售量。2014 年，中国汽车保有量为 1.54 亿辆，同比增长 12.4%。国内交易二手车 605.29 万辆，同比增长 16.3%，交易额达到 3675.65 亿元。艾瑞咨询机构认为，首先汽车保有量的持续攀升促进了二手车市场的快速发展；其次由于人们换车需求增大，消费观念改变，近年来二手车交易量一直持续稳定增长。加之政府对二手车置换的各项激励政策，未来 2～3 年二手车销量将会大幅上涨。二手车电商的出现，使二手车信息更加透明，获取更加方便，为促进二手车销售量的增长做出了极大贡献。

3. 技术环境

1）互联网技术

国家工信部及国务院相关部门出台系列政策，为宽带普及、大数据、云计算等新型服务业的发展制定了目标和规划。这些政策加快了我国新技术的应用步伐，将推动互联网的持续创新，也将极大促进宽带的普及，降低用户的带宽瓶颈，帮助电子商务推进表现形式的创新和用户体验的改进。

4G 网络的不断推广、移动智能终端的多样化，让移动互联网技术也出现了较大的改进，为二手车电子商务移动端的未来前景提供了发展基础。

网络基础设备是互联网行业发展的基础，网络传输速度的优化有助于用户体验的提升，同时也推动了传统行业的互联网化进程，出现更多、更好的新模式。二手车电子商务

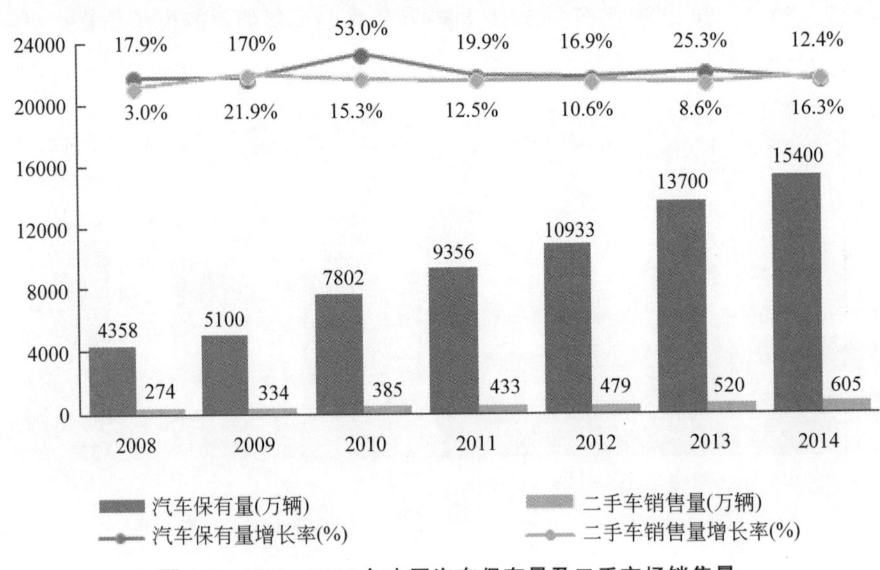

图 4-3　2008—2014 年中国汽车保有量及二手市场销售量

在此前提下将得以迅速发展。

2）支付技术

二手车电子商务交易环节中，目前有线上支付和线下支付两种。要实现交易的便捷性，采用线上支付的形式更符合互联网发展的特点。由于二手车交易涉及金额较大，买家对于支付环节仍存疑惑。随着互联网支付及移动支付技术、安全性能的提高，二手车支付方式更为便捷，对于完善二手车电商产业链有重要意义，也能推动二手车交易市场的快速发展。

3）二手车检测设备

二手车"一车一况一价"的特殊性，对于车况检测有着严格的要求。全自动的车辆检测设备、集合 VIN 代码识别技术、行驶证件识别技术、漆面厚度检测、行车电脑数据分析、全国违章查询、广角度照相功能及无线传输等智能检测功能于一体，可有效地辅助车辆评估师鉴定车况，加强买方的信任度。

4.2　二手车电子商务市场发展

中国二手车电子商务市场处于高速的发展阶段，各类模式都在不断地探索发展道路，现在就竞拍模式的二手车电商平台的各项特征来剖析二手车电商发展的现状和问题。

4.2.1　中国二手车电子商务市场发展

2014 年下半年，中国二手车电商交易平台车辆发拍规模达到 464383 辆，较上半年增长 132%。其中，第四季度的发拍量均在 80000 台以上，12 月份达到 89278 台，为下半年发拍量最大的月份。10 月份由于受黄金周的影响，发拍量较 9 月份增长 6.9%。2014 年

下半年的发拍量整体保持平稳增长，如图 4-4 所示。

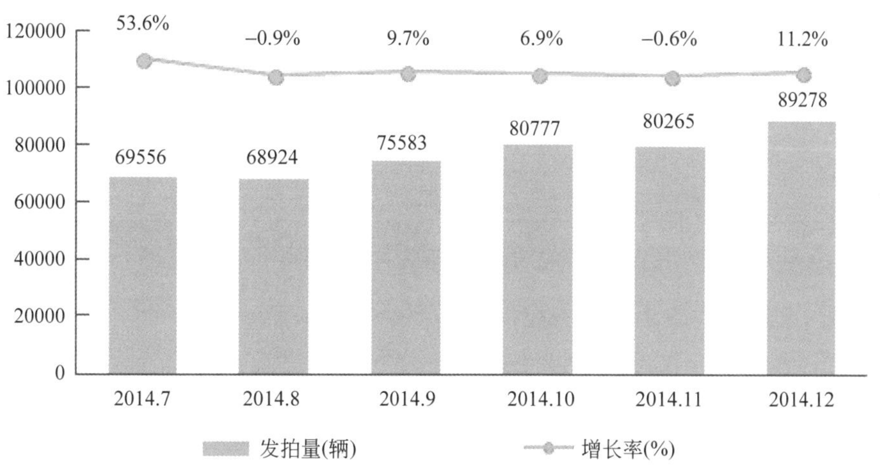

图 4-4　2014 年下半年中国二手车平台车辆发拍规模

4.2.2　中国二手车电子商务交易规模——车辆成交量

数据显示，2014 年下半年二手车电商车辆总成交规模为 176930 辆。下半年整体成交量成稳定增长态势，其中 7～9 月成交量相对较低，均未超过 30000 辆，12 月份成交量最多，达到了 33422 辆，如图 4-5 所示。2014 年下半年，总体成交量大幅增长。由于受“十一”黄金周的影响，从十月份开始，成交量大幅提升。随着国家相关政策的扶持以及人们对于车辆置换的需求增多，未来二手车电商还将不断创造新的交易纪录。

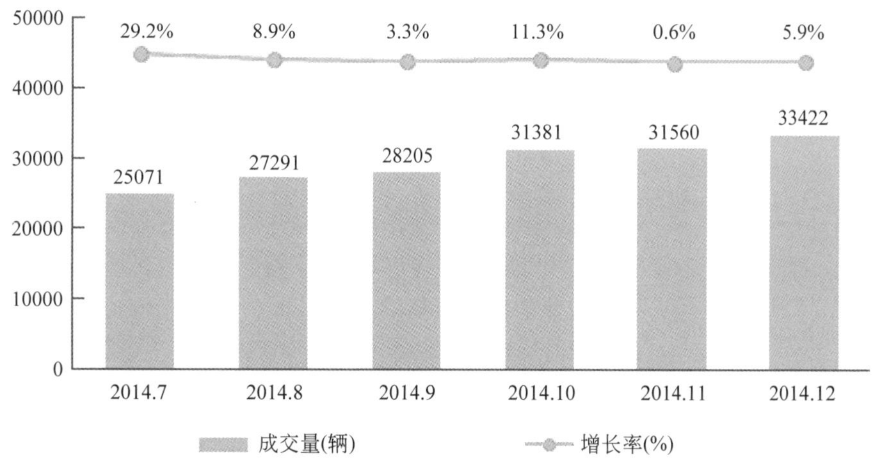

图 4-5　2014 年下半年中国二手车电商车辆总成交规模

4.2.3　中国二手车电子商务交易类别——热销车型

数据显示，2014 年下半年，Top10 车型总共占据近 22％的市场份额。捷达、凯越、桑

塔纳成为二手车电商交易量最多的三类车型。同上半年相比，捷达、凯越依旧是用户偏爱的车型。下半年，在国产品牌当中，奇瑞 QQ 及长安之星备受用户青睐，分别占据 1.3%和 1%的市场份额，见表 4-2。

用户在购置二手车时，更偏爱经济实用的车型。大众及别克品牌旗下车型短期内依旧会是用户选购的热门车型。

表 4-2 2014 年下半年中国二手车热销车型市场份额

序号	热销车型	份额/%	序号	热销车型	份额/%
1	捷达	4.8	6	伊兰特	1.6
2	凯越	3.9	7	五菱之光	1.6
3	桑塔纳	2.5	8	奇瑞 QQ	1.3
4	宝来	2.4	9	长安之星	1.0
5	乐风	1.8	10	夏利 A+	1.0

4.3 中国二手车电子商务市场发展趋势

二手车在借鉴传统电子商务模式的基础上，根据行业特点不断探索符合行业发展的优质模式。目前二手车电商市场主要有以优信拍、车易拍、开新帮卖为代表的 C/B2B 竞拍模式，以大搜车、百优卡、卓杰行为代表的 C2C 寄售模式，以人人车、赶集好车为代表的 C2C 虚拟寄售模式，以车王、优车诚品为代表的 B2C 卖场模式，以二手车之家、第一车网、易车二手车为代表的二手车交易资讯平台，以精真估、CHE300 为代表的第三方车辆鉴定机构等。

得益于竞拍模式平台丰富的上、下游客户资源和交易服务等因素，在各项份额对比中，竞拍模式都体现出了更大比例的行业比重，未来 2～3 年，竞拍模式将成为行业主流。

近几年，各类二手车电商模式也在积极寻求合作，例如 2014 年 8 月，易车、联拓、优信拍进行了三方战略合作，旨在打造 O2O 一站式二手车电商服务平台。

4.3.1 二手车竞拍模式核心企业横向对比

目前，二手车电商企业模式多种多样，综合考虑中国二手车市场的交易特点，表 4-3 列举了 B2B、C2B 竞拍模式核心企业的对比分析。

表 4-3 2014 年下半年竞拍模式核心企业对比

项 目	优 信 拍	车 易 拍	开 新 帮 卖
成立时间	2011 年 9 月	2004 年	2009 年 2 月
团队规模	1300 多人	1000 人	不详
服务模式	B2B 模式，线上拍卖，线下提供现场看车、车辆检测、现场拍卖、支付、过户、物流等服务。竞价方式为“先投标再竞价”，综合比对最高价即为成交价	B/C2B 模式，线上拍卖＋线下过户交付的形式为“竞价”，竞价最高者出价为成交价	C2B 帮卖，即 C2B“评估”＋“无线竞价”。将车辆的检测报告以无线的方式发送给上海本地 300 家品牌商户进行报价，Vickery 竞价规则

续表

项目	优信拍	车易拍	开新帮卖
业务布局	优信拍拍卖业务已覆盖全国365个城市地区，在北京、上海、广州、成都、天津、杭州、武汉7大中心城市建立分公司及实体拍卖场，并提供一站式售后服务。目前为近30000家二手车买家和卖家提供互联网拍卖服务。未来也将开展包括金融服务在内的增值服务	车易拍已建成华北(北京)、华东(上海、杭州)两大区域运营中心及郑州、石家庄、临沂二级物流售后服务中心，计划开通西安、天津、广州服务中心，并将在全国建成20多个服务运营点	立足于上海，上海设立有10家门店
车源	主机厂商、经销商集团、4S店、二手车经纪公司的车源，约10000个二手车经销商卖家	来自个人消费者、4S店车辆、二手车经销商，主要分布在一线城市	来自个人消费者车辆
买家	全国超过20000个二手车商买家，遍布全国365个城市地区	终端车商，主要分布在二、三线城市。全国7000个二手车商买家	从上海本地曾合作过的1500多个二手车经销商中筛选出300家优质经销商参与竞价，买家业务逐步辐射至山东、浙江、江苏、福建、安徽等省
流通能力	可完成车辆全国范围内的交易流通	可完成车辆全国范围内的交易流通	多在业务布局地区本地消化
检测服务	(1) 查客设备+评估师 (2) 5大项目，包括基本信息、显性损伤、硬性损伤、工况声明及行车电脑。462个点位检测，30分钟精确的免费检测；承诺先看车再付款 (3) 便携，获得国家专利认证	(1) 268V+评估师 (2) 171个数据点检测，承诺“换人不换结果”，15分钟快速检测	无检测品牌，二手车质检师手动检测，30分钟免费检测
检测设备	查客	268V	无
支付方式	在线支付、现金支付、POS刷卡等	在线支付、现金支付、POS刷卡等	在线支付等
过户服务	线下交付场地，提供全流程过户服务	线下交付场地，提供全流程过户服务	为车主提供过户担保，专人负责全程过户，可保证证件安全
车辆物流	自建物流网服务、第三方物流服务	第三方物流，无自建物流	无
盈利模式	车辆交易成功后收取每台1000元的佣金及各地不等交付服务费(过户等成本)	3%的交易佣金和检测费等	收取交易佣金

综合对比，优信拍在车源、业务布局方面均有优势，全国拥有7家分公司，业务覆盖面更广泛。车易拍目前的车源主要分布在一线城市，买卖家分布相对狭窄。而开新帮卖C端车源主要来自于上海及其周边，辐射面积较小。从模式上来看，优信拍目前主要以B2B竞拍模式为主，车易拍以C/B2B竞拍模式为主，而开新以C2B帮卖模式为主。B2B竞拍

模式相对能够更好解决当下二手车市场的一些痛点，因此 B2B 竞拍模式目前仍占主要份额。

4.3.2 中国二手车电子商务发展趋势

1）二手车电商交易量将持续稳定增长

二手车销量近几年持续稳定增长，为二手车电商的发展奠定了基础。目前整体来看，二手车电商的渗透率不到 10%，仍处于发展和探索的初期，但随着消费者不断增多的车辆置换需求、消费观念的改变以及二手车交易环境的改善，未来二手车电商的发展前景广阔，交易量将持续稳定增长。

2）来自资本市场的融资增多，二手车电商竞争加剧

随着消费者车辆置换需求的持续增多及二手车交易环境的改善，二手车市场快速发展。二手车电商领域资本融资逐渐增多，未来会有更多来自各方的竞争者参与到二手车市场的竞争中来，行业竞争加剧。

3）二手车线上业务离不开线下服务质量的提升

汽车行业作为国民经济中重要的传统行业之一，在互联网高速发展的环境下，也在寻求经营模式的转型。当前中国的二手车市场处于快速发展阶段，相关政策体系还不完善，线上二手车的推广不能脱离线下服务质量的提升，只有线上信息对称、价格透明，线下不断提升用户体验，才能促进二手车市场不断发展。

4）未来竞拍模式仍将是二手车电商的主要交易模式

在国内二手车交易市场处于发展初期，二手车检测、估值、交易等核心环节尚在探索期的背景下，由于对汽车产品的认知有限，多数 C 端车主在汽车交易尤其是二手车交易过程中无法进行准确的定价，短期内交易仍将以 C2B（终端回收商）、2B（大型车商）的模式完成二手车由车主向平台的流转，才能取得更具规模和经济的交易。因此，竞拍模式可将整个环节中各参与方的利益最大化，成本最小化，在相当长的一段时间内，艾瑞咨询机构认为竞拍模式将成为二手车电商的主要交易方式。

5）整个汽车电商市场，将从垂直深耕逐渐向横向扩张发展

在汽车从出厂销售至报废的全产业链中，车辆在车主手中流通的过程主要包含选-买-用-卖四大环节，而每辆汽车从使用周期而言，将按照这四个环节循环两次到多次不等，通常对于 3～6 年的单用户、单辆汽车使用而言，买、卖环节并不是全产业链中交易批次和交易费用最高的环节，用车环节在未来将成为汽车电商市场的关注焦点。因此，未来各方参与者将沿着选-买-用-卖的使用闭环从自身较强的垂直领域出发，横向扩张，以争取更多的发掘用户价值，实现企业长期发展的价值最大化。

复习与思考

1. 判断题

（1）目前寄售模式成交量约占总成交量的六成以上。 （ ）

(2) 在二手车电子商务交易环节中，目前有线上支付和线下支付两种。　(　　)

(3) 互联网技术为二手车电子商务发展奠定了基础。　(　　)

(4) 二手车线上业务离不开线下服务质量的提升。　(　　)

(5) 没有鉴定评估能力的二手车经销商，可以委托第三方机构对二手车进行鉴定评估。　(　　)

2. 选择题

(1) 目前二手车电商市场主要有(　　)等。

A. C/B2B 竞拍模式　B. C2C 寄售模式

C. C2C 虚拟寄售模式　D. B2C 卖场模式

(2) (　　)竞拍模式由于可促进市场信息更趋向对称、透明，交易价格更趋向合理，是目前中国二手车流通的支柱模式。

A. 直接交易模式　B. 寄售模式　C. 置换模式　D. 竞拍模式

(3) 二手车电子商务平台，运用互联网技术提供(　　)等一系列完整的配套服务，让二手车交易更加便捷。

A. 验车　B. 达成交易　C. 过户　D. 提车物流

附录 《二手车鉴定评估技术规范》(GB/T 30323—2013)

Used car appraisal and evaluation of technical specifications

(GB/T 30323—2013,中华人民共和国国家质量监督检验检疫总局 中国国家标准化管理委员会,2013年12月31日发布,2014年6月1日实施)

前 言

本标准按照GB/T 1.1—2009给出的规章起草。

本标准由中华人民共和国商务部提出并归口。

本标准起草单位:中国汽车流通协会。

本标准主要起草人:于元渤、罗磊、李振生、周卫星、秦荣镛、梁江峰、胡定成、朱东来、刘晓东。

引 言

为规范二手车鉴定评估行为,营造公平、公正的二手车消费环境,保护消费者合法权益,促进汽车市场健康发展,制定本标准。

本标准在制定过程中,参考了国外二手车鉴定评估有关法规与行业标准的主要思路与方法。

1 范围

本标准规定了二手车的鉴定评估的术语和定义、企业(生产企业二手车业务、汽车经销商二手车部门、二手车市场、二手车经纪公司、二手车拍卖)要求、作业流程和方法等技术要求。

本标准适用于从事二手车(小、微型客车和大型乘用车)鉴定评估的活动,从事其他二手车鉴定评估报告。

2 规范性引用文件

下列文件对于本文件的引用是必不可少的。凡是注日期的引用文件,仅注日期的版本适用于本文件。凡是不注日期的引用文件,其最新版本(包括所有的修改单)适用于本文件。

GB 7258 机动车运行安全技术条件

3 术语和定义

下列术语和定义适用于本文件。

3.1 二手车 used car

从办理完注册登记手续到国家强制报废标准之前进行交易并转移所有权的汽车。

3.2　二手车鉴定评估 used car appraisal and evaluation

二手车鉴定评估是指对二手车进行技术状况检测、鉴定，确定某一时点价值的过程。

3.2.1　二手车技术状况鉴定 technical condition of the used car appraisal

对车辆技术状况进行缺陷描述、等级评定。

3.2.2　二手车价值评估 used car valuation

根据二手车技术状况鉴定结果和鉴定评估目的，对目标车辆价值评估。价值评估方法主要包括现行市价法、重置成本法。

3.2.2.1　现行市价法 current market price method

根据车辆技术状况按照市场现行价格计算出被评估车辆价值的方法。

3.2.2.2　重置成本法 replacement cost method

按照相同车型市场现行价格重新购置一个全新状态的评估对象，用所需的全部成本减去评估对象的实体性、功能性和经济性陈旧贬值后的差额，以其作为评估对象现时价值的方法。

3.3　二手车鉴定评估机构 used car appraisal and evaluation mechanism

从事二手车鉴定评估经营活动的第三方服务机构。

3.4　二手车鉴定评估师 used car appraisal appraiser

依法取得二手车鉴定评估师国家职业资格的人员。

3.5　高级二手车鉴定评估师 advanced used car appraisal

依法取得高级二手车鉴定评估师国家职业资格的人员。

4　二手车鉴定评估机构条件和要求

4.1　场所

经营面积不少于 $200m^2$。

4.2　设施设备

4.2.1　具备汽车举升设备。

4.2.2　车辆故障信息读取设备、车辆结构尺寸检测工具或设备。

4.2.3　具备车辆外观缺陷测量工具、漆面厚度检测设备。

4.2.4　具备照明工具、照相机、螺丝刀、扳手等常用操作工具。

4.3　人员

具有3名以上二手车鉴定评估师，1名以上高级二手车鉴定评估师。

4.4　其他

4.4.1　具备计算机等办公设施。

4.4.2　具备符合国家有关规定的消防设施。

5　二手车鉴定评估程序

5.1　二手车鉴定评估作业流程

二手车鉴定评估机构开展二手车鉴定评估经营活动按附图一流程作业，并填写《二手车鉴定评估作业表》。二手车经销、拍卖、经纪等企业开展业务涉及二手车鉴定评估活动的，参照附图一有关内容和顺序作业，即查验可交易车辆→登记基本信息→判别事故车→鉴定技术状况，并填写《二手车技术状况表》。

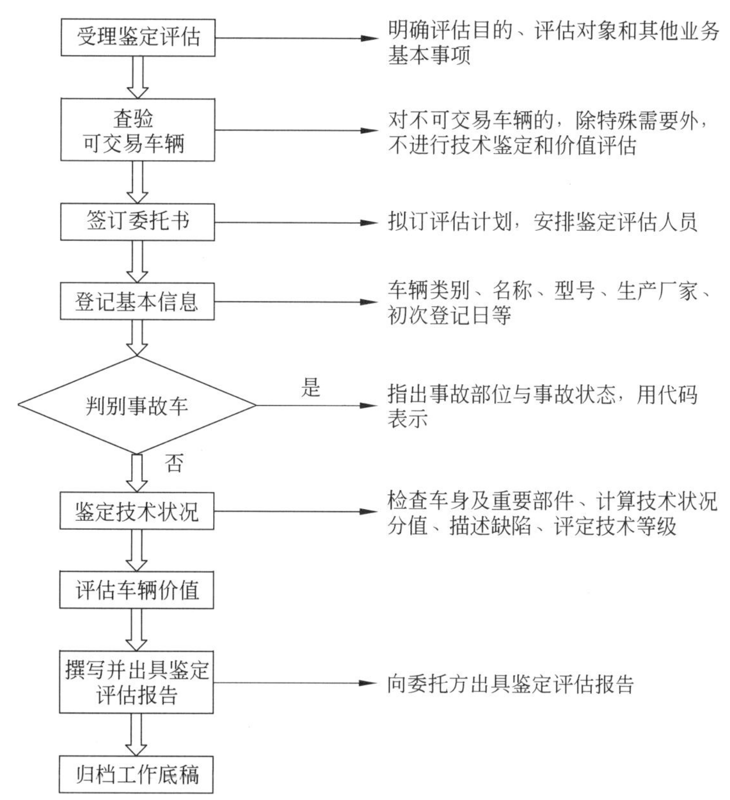

附图一 二手车鉴定评估作业流程

5.2 受理鉴定评估

了解委托方及其车辆的基本情况，明确委托方要求，主要包括委托方要求的评估目的、评估基准日、期望完成评估的时间等。

5.3 查验可交易车辆

5.3.1 查验机动车登记证书、行驶证、有效机动车安全技术检验合格标志、车辆购置税完税证明、车船使用税缴付凭证、车辆保险单等法定证明、凭证是否齐全，并按照附表一检查所列项目是否全部判定为“是”。

附表一 可交易车辆判别表

序号	检查项目	判别
1	是否达到国家强制报废标准	Y否 N是
2	是否为抵押期间或海关监管期间	Y否 N是
3	是否为人民法院、检察院、行政执法等部门依法查封、扣押期间的车辆	Y否 N是
4	是否为通过盗窃、抢劫、诈骗等违法犯罪手段获得的车辆	Y否 N是
5	发动机号与机动车登记证书登记号码是否一致，且无凿改痕迹	Y是 N否
6	车辆识别代号或车架号码与机动车登记证书登记号码是否一致，且无凿改痕迹	Y是 N否
7	是否走私、非法拼组装车辆	Y否 N是
8	是否法律法规禁止经营的车辆	Y否 N是

5.3.2　如发现上述法定证明、凭证不全或附表一检查项目任何一项判别为“N”的车辆，应告知委托方，不需继续进行技术鉴定和价值评估(司法机关委托等特殊要求的除外)。

5.3.3　发现法定证明、凭证不全，或者附表一中第1项、第4～8项任意一项判断为“N”的车辆应及时报告公安机关等执法部门。

5.4　签订委托书

对相关证照齐全、附表一检查项目全部判别为“Y”的，或者司法机关委托等特殊要求的车辆，签署《二手车鉴定评估委托书》。

5.5　登记基本信息

5.5.1　登记车辆使用性质信息，明确营运与非营运车辆。

5.5.2　登记车辆基本情况信息，包括车辆类别、名称、型号、生产厂家、初次登记日期、表征行驶里程等。如果表征行驶里程如与实际车况明显不符，应在《二手车鉴定评估报告》或《二手车技术状况表》有关技术缺陷描述时予以注明。

5.6　判别事故车

5.6.1　使用漆面厚度检测设备配合对车体结构部件进行检测；使用车辆结构尺寸检测工具或设备检测车体左右对称性(代码为1)。

5.6.2　参照附图二所示车体部位(代码2～13)，按照附表二要求检查车辆外观，判别车辆是否发生过碰撞、火烧，确定车体结构是完好无损或者有事故痕迹。

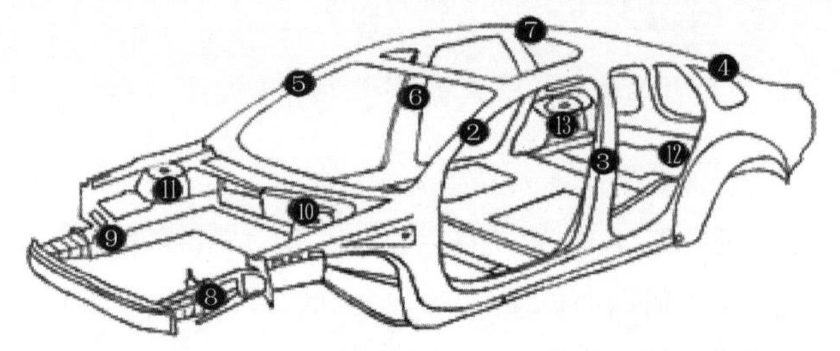

2 左A柱　　6 右B柱　　10 左前减震器悬挂部位
3 左B柱　　7 右C柱　　11 右前减震器悬挂部位
4 左C柱　　8 左前纵梁　　12 左后减震器悬挂部位
5 右A柱　　9 右前纵梁　　13 右后减震器悬挂部位

附图二　车体结构示意图

5.6.3　根据附表二、附表三对车体状态进行缺陷描述。即车身部位＋状态。例：

附表二　车体部位代码表

序号	检 查 项 目	序号	检 查 项 目
1	车体左右对称性	8	左前纵梁
2	左A柱	9	右前纵梁
3	左B柱	10	左前减震器悬挂部位
4	左C柱	11	右前减震器悬挂部位
5	右A柱	12	左后减震器悬挂部位
6	右B柱	13	右后减震器悬挂部位
7	右C柱		

4SH,即左C柱有烧焊痕迹。

5.6.4 当附表二中任何一个检查项目存在附表三中对应的缺陷时,则该车为事故车。

5.6.5 事故车的车辆技术鉴定和价值评估不在本规范的范围之内。

附表三 车辆缺陷状态描述对应表

代表字母	BX	NQ	GH	SH	ZZ
缺陷描述	变形	扭曲	更换	烧焊	褶皱

5.7 鉴定车辆技术状况

5.7.1 按照车身、发动机舱、驾驶舱、启动、路试、底盘等项目顺序检查车辆技术状况。

5.7.2 根据检查结果确定车辆技术状况的分值。总分值为各个鉴定项目分值累加,即鉴定总分$=\sum$项目分值,满分100分。

5.7.3 根据鉴定分值,按照附表四确定车辆对应的技术等级。

附表四 车辆技术状况等级分值对应表

技术状况等级	分值区间
一级	鉴定总分≥90
二级	60≤鉴定总分<90
三级	20≤鉴定总分<60
四级	鉴定总分<20
五级	事故车

5.8 评估车辆价值

5.8.1 估值方法选用原则

a) 一般情况下,推荐选用现行市价法;在无参照物、无法使用现行市价法的情况下,选用重置成本法。

b) 根据车辆有关情况,确立估值方法,并对车辆价值进行估算。

5.8.2 现行市价法的运用方法

a) 评估价值为相同车型、配置和相同技术状况鉴定检测分值的车辆近期的交易价格。

b) 如无参照,可从本区域本月内的交易记录中调取相同车型、相近分值,或从相邻区域的成交记录中调取相同车型、相近分值的成交价格,并结合车辆技术状况鉴定分值加以修正。

5.8.3 重置成本法计算车辆价值

a) 当无任何成本法计算车辆价值,见公式(1):

$$W = R \times e \tag{1}$$

式中:W为车辆评估价值;R为更新重置成本;e为综合成本率。

更新重置成本为相同型号、配置的新车在评估基准日的市场零售价格。

b）综合成新率由技术鉴定成新率与年限成新率组成，见公式(2)：

$$e=y\times\alpha+t\times\beta \tag{2}$$

式中：e 为综合成新率；y 为年限成新率；t 为技术鉴定成新率；α 为年限成新率系数；β 为技术鉴定成新率系数。其中，$\alpha+\beta=1$。$t\times\beta$ 相当于实体性陈旧贬值与功能性陈旧贬值后，车辆剩余的价值率；$y\times\alpha$ 相当于经济性陈旧贬值后，车辆剩余的价值率。

c）年限成新率计算方法，见公式(3)：

$$y=N/n \tag{3}$$

式中：y 为年限成新率；N 为预计车辆剩余使用年限；n 为车辆使用年限(非营运乘用车使用年限为 15 年，超过 15 年的按实际年限计算；营运车辆、有使用年限规定的车辆按实际要求计算)。

d）技术成新率计算方式，见公式(4)：

$$t=X/100 \tag{4}$$

式中：t 为技术鉴定成新率；X 为车辆技术状况分值。

5.9　撰写及出具鉴定评估报告

5.9.1　根据车辆技术状况鉴定等级和价值评估结果等情况，按照要求撰写《二手车鉴定评估报告》，做到内容完整、客观、准确，书写工整。

5.9.2　按委托书要求及时向客户出具《二手车鉴定评估报告》，并由鉴定评估人与复核人签章、鉴定评估机构加盖公章。

5.10　归档工作底稿

将《二手车鉴定评估报告》及其附件与工作底稿独立汇编成册，存档备查。档案保存一般不低于 5 年；鉴定评估目的涉及财产纠纷的，其档案至少应当保存 10 年；法律法规另有规定的，从其规定。

6　正常车辆技术状况鉴定有关要求

6.1　车身外观

6.1.1　车身外观部位与对应代码见附图三和附表五的标示。参照附图三标示，按照附表五、附表六要求检查 26 个项目，程度为 1 的扣 0.5 分，每增加 1 个程度加扣 0.5 分。共计 20 分，扣完为止。轮胎部分须高于程度 4 的标准，不符合标准扣 1 分。

6.1.2　使用车辆外观缺陷测量工具与漆面厚度检测设备结合目测法对车身外观进行检测。

6.1.3　根据附表五、附表六描述缺陷，车身外观项目的转义描述为车身部位代码＋状态＋程度。

例：21XS2 对应描述为左后车门有锈蚀，面积为大于 100mm×100mm，但小于或等于 200mm×300mm。

附表五　车身外观部位代码对应表

代码	部　位	代码	部　位
14	发动机舱盖表面	16	左后翼子板
15	左前翼子板	17	右前翼子板

续表

代码	部　　位	代码	部　　位
18	右后翼子板	29	左后轮
19	左前车门	30	右前轮
20	右前车门	31	右后轮
21	左后车门	32	前大灯
22	右后车门	33	后尾灯
23	行李厢盖	34	前挡风玻璃
24	行李厢内侧	35	后挡风玻璃
25	车顶	36	四门车窗玻璃
26	前保险杠	37	左后视镜
27	后保险杠	38	右后视镜
28	左前轮	39	轮胎

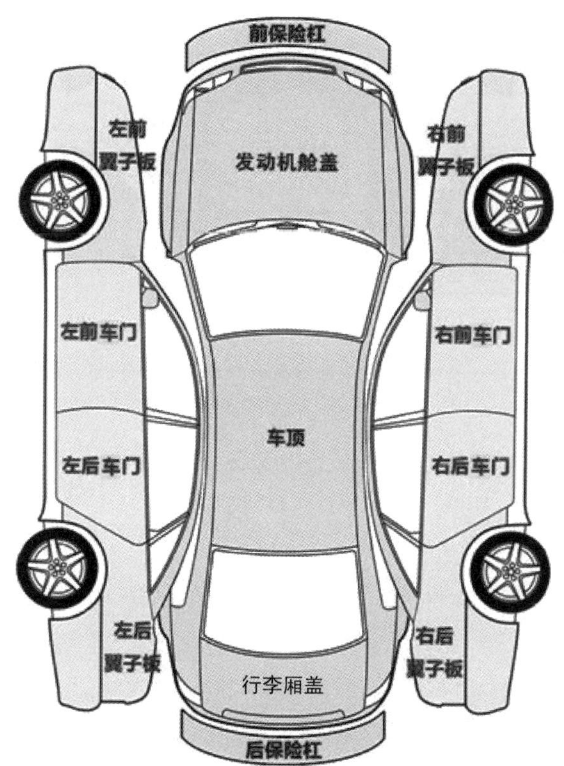

附图三　车身外观图

附表六　车身外观状态描述对应表

代码	HH	BX	XS	LW	AX	XF
描述	划痕	变形	锈蚀	裂纹	凹陷	修复痕迹

程度：1—面积小于等于100mm×100mm。

2—面积大于 100mm×100mm 并小于等于 200mm×300mm。

3—面积大于 200mm×300mm。

4—轮胎花纹深度小于 1.6mm。

6.2　发动机舱

按附表七要求检查 10 个项目(序号 40～49)。选择 A 不扣分,第 40 项选择 B 或 C 扣 15 分;第 41 项选择 B 或 C 扣 5 分;第 44 项选择 B 扣 2 分,选择 C 扣 4 分;其余各项选择 B 扣 1.5 分,选择 C 扣 3 分。共计 20 分,扣完为止。

如检查第 40 项时,发现机油有冷却液混入,检查第 41 项时,发现缸盖外有机油渗漏,则应在《二手车鉴定评估报告》或《二手车技术状况表》的技术状况缺陷描述中分别予以注明,并提示修复前不宜使用。

附表七　发动机舱检查项目作业表

序号	检查项目	A	B	C
40	机油有无冷却液混入	无	轻微	严重
41	缸盖外是否有机油渗漏	无	轻微	严重
42	前翼子板内缘、水箱框架、横拉梁有无凹凸或修复痕迹	无	轻微	严重
43	散热器格栅有无破损	无	轻微	严重
44	蓄电池电极桩柱有无腐蚀	无	轻微	严重
45	蓄电池电解液有无渗漏、缺少	无	轻微	严重
46	发动机皮带有无老化	无	轻微	严重
47	油管、水管有无老化、裂痕	无	轻微	严重
48	线束有无老化、破损	无	轻微	严重
49	其他	只描述缺陷,不扣分		

6.3　驾驶舱

按附表八要求检查 15 个项目(序号 50～64)。选择 A 不扣分,第 50 项选择 C 扣 1.5 分;第 51、52 项选择 C 扣 0.5 分;其余项目选择 C 扣 1 分。共计 10 分,扣完为止。

如检查第 60 项时发现安全带结构不完整或者功能不正常,则应在《二手车鉴定评估报告》或《二手车技术状况表》的技术状况缺陷描述中予以注明,并提示修复或更换前不宜使用。

附表八　驾驶舱检查项目作业表

序号	检查项目	A	C
50	车内是否无水泡痕迹	是	否
51	车内后视镜、座椅是否完整、无破损、功能正常	是	否
52	车内是否整洁、无异味	是	否
53	方向盘自由行程转角是否小于 15°	是	否
54	车顶及周边内饰是否无破损、松动及裂缝和污迹	是	否
55	仪表台是否无划痕,配件是否无缺失	是	否
56	排挡把手柄及护罩是否完好、无破损	是	否

续表

序号	检查项目	A	C
57	储物盒是否无裂痕,配件是否无缺失	是	否
58	天窗是否移动灵活、关闭正常	是	否
59	门窗密封条是否良好、无老化	是	否
60	安全带结构是否完整、功能是否正常	是	否
61	驻车制动系统是否灵活有效	是	否
62	玻璃窗升降器、门窗工作是否正常	是	否
63	左、右后视镜折叠装置工作是否正常	是	否
64	其他	只描述缺陷,不扣分	

6.4 启动

按附表九要求检查10个项目(序号65~74)。选择A不扣分,第65、66项选择C扣2分;第67项选择C扣1分;第68~71项,选择C扣0.5分;第72、73项选择C扣10分。共计20分,扣完为止。

如检查第66项时发现仪表盘指示灯显示异常或出现故障报警,则应查明原因,并在《二手车鉴定评估报告》或《二手车技术状况表》的技术状况缺陷描述中予以注明。

优先选用车辆故障信息读取设备对车辆技术状况进行检测。

附表九 启动检查项目作业表

序号	检查项目	A	C
65	车辆启动是否顺畅(时间少于5s,或一次启动)	是	否
66	仪表板指示灯显示是否正常,无故障报警	是	否
67	各类灯光和调节功能是否正常	是	否
68	泊车辅助系统工作是否正常	是	否
69	制动防抱死系统(ABS)工作是否正常	是	否
70	空调系统风量、方向调节、分区控制、自动控制、制冷工作是否正常	是	否
71	发动机在冷、热车状态下怠速运转是否稳定	是	否
72	怠速运转时发动机是否无异响,空挡状态下逐渐增加发动机转速,发动机声音过渡是否无异响	是	否
73	车辆排气是否无异常	是	否
74	其他	只描述缺陷,不扣分	

6.5 路试

按附表十要求检查10个项目(序号75~84)。选择A不扣分,选择C扣2分。共计15分,扣完为止。

如检查第80项时发现制动系统出现刹车距离长、跑偏等不正常现象,则应在《二手车鉴定评估报告》或《二手车技术状况表》的技术状况缺陷描述中予以注明,并提示修复或更换前不宜使用。

附表十　路试检查项目作业表

序号	检 查 项 目	A	C
75	发动机运转，加速是否正常	是	否
76	车辆启动前踩下制动踏板，保持5～10s，踏板无向下移动的现象	是	否
77	踩住制动踏板启动发动机，踏板是否向下移动	是	否
78	行车制动系统最大制动效能在踏板全行程的4/5以内达到	是	否
79	行驶是否无跑偏	是	否
80	制动系统工作是否正常有效、制动不跑偏	是	否
81	变速箱工作是否正常、无异响	是	否
82	行驶过程中车辆底盘部位是否无异响	是	否
83	行驶过程中车辆转向系统是否无异响	是	否
84	其他	只描述缺陷，不扣分	

6.6　底盘

按附表十一要求检查8个项目(序号85～92)。选择A不扣分，第85、86项，选择C扣4分；第87、88项，选择C扣3分；第89、90、91项，选择C扣2分。共计15分，扣完为止。

附表十一　底盘检查项目作业表

序号	检 查 项 目	A	C
85	发动机油底壳是否无渗漏	是	否
86	变速箱体是否无渗漏	是	否
87	转向节臂球销是否无松动	是	否
88	三角臂球销是否无松动	是	否
89	传动轴十字轴是否无松动	是	否
90	减震器是否无渗漏	是	否
91	减震弹簧是否无损坏	是	否
92	其他	只描述缺陷，不扣分	

6.7　功能性零部件

对附表十二所示部件功能进行检查(序号93～113)。结构、功能坏损的，直接进行缺陷描述，不计分。

6.8　拍摄车辆照片

6.8.1　外观图片。分别从车辆左前部与右后部45°角拍摄外观图片各1张。拍摄外观破损部位带标尺的正面图片1张。

6.8.2　驾驶舱图片。分别拍摄仪表台操纵杆、前排座椅、后排座椅正面图片各1张，拍摄破损部位带标尺的正面图片1张。

6.8.3　拍摄发动机舱图片1张。

7　二手车鉴定评估机构经营管理

7.1　有规范的名称、组织机构、固定场所和章程，遵守国家有关法律、法规及行规行约，客观公正地开展二手车鉴定评估业务。

7.2 在经营场所明显位置悬挂二手车鉴定评估机构核准证书和营业执照等证照，张贴二手车鉴定评估流程和收费标准。

附表十二 车辆功能性零部件项目表

序号	类别	零部件名称	序号	类别	零部件名称
93	车身外部件	发动机舱盖锁止	105	随车附件	备胎
94		发动机舱盖液压撑杆	106		千斤顶
95		后门/后备厢液压支撑杆	107		轮胎扳手及随车工具
96		各车门锁止	108		三角警示器
97		前后雨刮器	109		灭火器
98		立柱密封胶条	110	其他	全套钥匙
99		排气管及消音器	111		遥控器及功能
100		车轮轮毂	112		喇叭高低音色
101	驾驶舱内部件	车内后视镜	113		玻璃加热功能
102		座椅调节与加热			
103		仪表盘出风管道			
104		中央集控			

7.3 二手车鉴定评估人员应严格遵守职业道德、职业操守和执业规范。

7.4 开展二手车鉴定评估活动应坚持客观、独立、公正、科学的原则，按照关联回避原则，回避与本机构、评估人有关联的当事人委托的鉴定评估业务。

7.5 建立内部培训考核制度，保证鉴定评估人员职业素质和鉴定评估工作质量。

7.6 建立和完善二手车鉴定评估档案制度，并根据评估对象及有关保密要求，合理确定适宜的建档内容、档案查阅范围和保管期限。

二手车鉴定评估作业表（示范文本）

流水号：　　　　　　　　鉴定评估日：　　年　月　日

厂牌型号			行驶里程	仪表	km
牌照号码				推定	km
VIN 码			车身颜色		
发动机号			车主姓名/名称		
法人代码/身份证号码		首次登记日期	使用性质		
		年　月　日			
年检证明	□有(至____年____月）□无		车船税证明	□有(至____年____月）□无	
交强险	□有(至____年____月）□无		购置税证书	□有 □无	
其他法定凭证、证明	□号牌 □行驶证 □登记证书 □保险单 □其他				
是否为事故车	□有 □无	损伤位置及损失情况			

续表

车辆主要技术缺陷描述	
总得分	
技术等级	
估价方法	
参考价值	
评估师(签章)	
评估师证号	
审核人(签章)	

二手车鉴定评估结论：

评估单位名称(盖章)

<table>
<tr><td colspan="6">车体骨架检查项目</td><td colspan="3">驾驶舱检查</td><td>扣分</td></tr>
<tr><td>1</td><td colspan="5">车体左右对称性</td><td>储物盒是否无裂痕，配件是否无缺失</td><td>是</td><td>否</td><td></td></tr>
<tr><td>2</td><td>左 A 柱</td><td>8</td><td colspan="3">左前纵梁</td><td>天窗是否移动灵活、关闭正常</td><td>是</td><td>否</td><td></td></tr>
<tr><td>3</td><td>左 B 柱</td><td>9</td><td colspan="3">右前纵梁</td><td>门窗密封条是否良好、无老化</td><td>是</td><td>否</td><td></td></tr>
<tr><td>4</td><td>左 C 柱</td><td>10</td><td colspan="3">左前减震器悬挂部位</td><td>安全带结构是否完整、功能是否正常</td><td>是</td><td>否</td><td></td></tr>
<tr><td>5</td><td>右 A 柱</td><td>11</td><td colspan="3">右前减震器悬挂部位</td><td>驻车制动系统是否灵活有效</td><td>是</td><td>否</td><td></td></tr>
<tr><td>6</td><td>右 B 柱</td><td>12</td><td colspan="3">左后减震器悬挂部位</td><td>玻璃窗升降器、门窗工作是否正常</td><td>是</td><td>否</td><td></td></tr>
<tr><td>7</td><td>右 C 柱</td><td>13</td><td colspan="3">右后减震器悬挂部位</td><td>左、右后视镜折叠装置工作是否正常</td><td>是</td><td>否</td><td></td></tr>
<tr><td>代表字母</td><td>BX</td><td>NQ</td><td>GH</td><td>SH</td><td>ZZ</td><td colspan="3">其他</td><td></td></tr>
<tr><td>描述</td><td>变形</td><td>扭曲</td><td>更换</td><td>烧焊</td><td>褶皱</td><td colspan="3">合计扣分</td><td></td></tr>
<tr><td>缺陷描述</td><td colspan="5"></td><td colspan="3">启动检查</td><td>扣分</td></tr>
<tr><td colspan="2">事故判定</td><td colspan="4">□事故车　□正常车</td><td>车辆启动是否顺畅(时间少于5s,或一次启动)</td><td>是</td><td>否</td><td></td></tr>
<tr><td>代码</td><td>车身检查</td><td>扣分</td><td colspan="3">缺陷描述</td><td>仪表板指示灯是否正常，无故障报警</td><td>是</td><td>否</td><td></td></tr>
<tr><td>14</td><td>发动机舱盖表面</td><td>−1.0</td><td colspan="3">划痕 HH</td><td>各类灯光和调节功能是否正常</td><td>是</td><td>否</td><td></td></tr>
<tr><td>15</td><td>左前翼子板</td><td></td><td colspan="3">变形 BX</td><td>泊车辅助系统工作是否正常</td><td>是</td><td>否</td><td></td></tr>
<tr><td>16</td><td>左后翼子板</td><td></td><td colspan="3">锈蚀 XS</td><td>制动防抱死系统(ABS)工作是否正常</td><td>是</td><td>否</td><td></td></tr>
<tr><td>17</td><td>右前翼子板</td><td></td><td colspan="3">裂纹 LW</td><td rowspan="2">空调系统风量、方向调节、分区控制、自动控制、制冷工作是否正常</td><td rowspan="2">是</td><td rowspan="2">否</td><td rowspan="2"></td></tr>
<tr><td>18</td><td>右后翼子板</td><td>−0.5</td><td colspan="3">凹陷 AX</td></tr>
</table>

续表

代码	车身检查	扣分	缺陷描述
19	左前车门		修复痕迹 XF
20	右前车门		缺陷程度
21	左后车门		1—面积≤(100×100)mm^2 2—(100×100)mm^2<面积≤(200×300)mm^2 3—面积>(200×300)mm^2 4—轮胎花纹深度<1.6mm
22	右后车门		
23	行李厢盖		
24	行李厢内侧		
25	车顶		
26	前保险杠		
27	后保险杠		
28	左前轮		缺陷描述
29	左后轮		发动机舱盖表面有划痕，面积大于100mm×100mm，小于200mm×300mm；右后翼子板有划痕，面积小于或等于100mm×100mm
30	右前轮		
31	右后轮		
32	前大灯		
33	后尾灯		
34	前挡风玻璃		
35	后挡风玻璃		
36	四门车窗玻璃		
37	左后视镜		
38	右后视镜		
39	轮胎		
其他项目			
合计扣分			1.5

启动检查			扣分
发动机在冷、热车条件下怠速运转是否稳定	是	否	
怠速运转时发动机是否无异响，空挡状态下逐渐增加发动机转速，发动机声音过滤是否无异响	是	否	
车辆排气是否无异常	是	否	
驻车制动系统结构是否完整	是	否	
其他			
合计扣分			

路试检查			扣分
发动机运转、加速是否正常	是	否	
车辆在启动前踩下制动踏板，保持5～10s，踏板无向下移动的现象	是	否	
踩住制动踏板启动发动机，踏板是否向下移动	是	否	
行车制动系统最大制动效能在踏板全行程的4/5以内达到	是	否	
行程是否无跑偏	是	否	
制动系统工作是否正常有效、制动不跑偏	是	否	
变速箱工作是否正常、无异响	是	否	
行驶过程中车辆底盘部位是否无异响	是	否	
行驶过程中车辆转向系统是否无异响	是	否	
其他			
合计扣分			

发动机舱检查	程度			扣分
机油有无冷却液混入	无	轻微	严重	
缸盖外是否有机油渗漏	无	轻微	严重	
前翼子板内缘、水箱框架、横拉梁有无凹凸或修复痕迹	无	轻微	严重	
散热器格栅有无破损	无	轻微	渗漏	
蓄电池电极桩柱有无破损	无	轻微	严重	

底盘检查			扣分
发动机油底壳是否无渗漏			
变速箱体是否无渗漏			
转向节臂球销是否无松动			
三角臂球销是否无松动			
传动轴十字轴是否无松动			
减震器是否无渗漏			
减震弹簧是否无损坏			

续表

发动机舱检查	程度			扣分	底盘检查			扣分
蓄电池电解液有无渗漏、缺少	无	轻微	严重		其他			
发动机皮带有无老化	无	轻微	严重		合计扣分			
油管、水管有无老化、裂痕	无	轻微	裂痕		车辆功能性零部件列表			
线束有无老化、破损	无	轻微	破损		发动机舱盖锁止		仪表板出风管道	
其他					发动机盖液压撑杆		中央集控	
合计扣分					后门液压支撑杆		备胎	
驾驶舱检查			扣分		后备厢液压支撑杆		千斤顶	
车内是否无水泡痕迹	是	否			各车门锁止		轮胎扳手及随车工具	
车内后视镜、座椅是否完整、无破损、功能正常	是	否			前雨刮器		三角警示牌	
车内是否整洁、无异味	是	否			后雨刮器		灭火器	
方向盘自由行程转角是否小于15°	是	否			立柱密封胶条		全套钥匙	
车顶及周围内饰是否无破损、松动及裂缝和污迹	是	否			排气管及消音器		遥控器及功能	
					车轮车毂		喇叭高低音色	
仪表台是否无划痕，配件是否无缺失	是	否			车内后视镜		玻璃加热功能	
排挡把手柄及护罩是否完好、无破损	是	否			座椅调节与加热			

二手车技术状况表（示范文本）

车辆基本信息	厂牌型号		牌照号码	
	发动机号		VIN 码	
	初次登记日期	年 月 日	表征里程	万千米
	品牌名称	□国产 □进口	车身颜色	
	年检证明	□有(至____年__月) □无	购置税证书	□有 □无
	车船税证明	□有(至____年__月) □无	交强险	□有(至____年__月) □无
	使用性质	□营运用车 □出租车 □公务用车 □家庭用车 □其他		
	其他法定凭证、证明	□机动车号牌 □机动车行驶证 □机动车登记证书 □第三者强制保险单 □其他		
	车主名称/姓名		企业法人证书代码/身份证号码	

续表

<table>
<tr><td rowspan="4">重要配置</td><td>燃料标号</td><td></td><td>排量</td><td></td><td>缸数</td><td></td></tr>
<tr><td>发动机功率</td><td></td><td>排放标准</td><td></td><td>变速器形式</td><td></td></tr>
<tr><td>气囊</td><td></td><td>驱动方式</td><td></td><td>ABS</td><td>□有 □无</td></tr>
<tr><td>其他重要配置</td><td colspan="5"></td></tr>
<tr><td>是否为事故车</td><td>□是 □否</td><td colspan="2">损伤位置及损伤状况</td><td colspan="3"></td></tr>
<tr><td>鉴定结果</td><td>分值</td><td colspan="2"></td><td colspan="2">技术状况等级</td><td></td></tr>
<tr><td rowspan="7">车辆技术状况鉴定缺陷描述</td><td>鉴定科目</td><td colspan="2">鉴定结果(得分)</td><td colspan="3">缺陷描述</td></tr>
<tr><td>车身检查</td><td colspan="2"></td><td colspan="3"></td></tr>
<tr><td>发动机检查</td><td colspan="2"></td><td colspan="3"></td></tr>
<tr><td>车内检查</td><td colspan="2"></td><td colspan="3"></td></tr>
<tr><td>启动检查</td><td colspan="2"></td><td colspan="3"></td></tr>
<tr><td>路试检查</td><td colspan="2"></td><td colspan="3"></td></tr>
<tr><td>底盘检查</td><td colspan="2"></td><td colspan="3"></td></tr>
</table>

二手车鉴定评估师：____________ 鉴定单位：(盖章)________

鉴定日期：_____年____月____日

声明：

本二手车技术状况表所体现的鉴定结果仅为鉴定日期当日被鉴定车辆的技术状况表现与描述，若在当日内被鉴定车辆的市场价值或因交通事故等原因导致车辆的价值发生变化，对车辆鉴定结果产生明显影响时，本技术状况鉴定说明书不作为参考依据。

说明：

本二手车技术状况表由二手车经销企业、拍卖企业、经纪企业使用，作为二手车交易合同的附件。车辆展卖期间，放置在驾驶室前挡风玻璃左下方，供消费者参阅。

二手车鉴定评估委托书（示范文本）

委托书编号：________

委托方名称(姓名)： 法人代码证(身份证)号：

鉴定评估机构名称： 法人代码证：

委托方地址： 鉴定评估机构地址：

联系人： 电话：

因□交易 □典当 □拍卖 □置换 □抵押 □担保 □咨询 □司法裁决需要，委托人与受托人达成委托关系，号牌号码为______________，车辆类型为______________，车架号(VIN码)为______________的车辆进行技术状况鉴定并出具评估报告书，______年____月____日前完成。

委托评估车辆基本信息如下。

<table>
<tr><td rowspan="7">车辆情况</td><td>厂牌型号</td><td colspan="2"></td><td>使用用途</td><td>营运 □
非营运 □</td></tr>
<tr><td>总质量/座位/排量</td><td colspan="2"></td><td>燃料种类</td><td></td></tr>
<tr><td>初次登记日期</td><td colspan="2">年 月 日</td><td>车身颜色</td><td></td></tr>
<tr><td>已使用年限</td><td>年 个月</td><td colspan="2">累计行驶里程(万千米)</td><td></td></tr>
<tr><td>大修次数</td><td>发动机(次)</td><td></td><td>整车(次)</td><td></td></tr>
<tr><td>维修情况</td><td colspan="4"></td></tr>
<tr><td>事故情况</td><td colspan="4"></td></tr>
<tr><td>价值反映</td><td>购置日期</td><td colspan="2">年 月 日</td><td>原始价格(元)</td><td></td></tr>
<tr><td colspan="6">备注:</td></tr>
</table>

委托方:(签字、盖章)　　　　　　　　　　受托方:(签字、盖章)

(二手车鉴定评估机构盖章)

年 月 日　　　　　　　　　　年 月 日

1. 委托方保证所提供的资料客观真实,并负法律责任。
2. 仅对车辆进行鉴定评估。
3. 评估依据:《机动车运行安全技术条件》、《二手车鉴定评估技术规范》等。
4. 评估结论仅对本次委托有效,不作他用。
5. 鉴定评估人员与有关当事人没有利害关系。
6. 委托方如对评估结论有异议,可于收到《二手车鉴定评估报告》之日起 10 日内向受托方提出,受托方应给予解释。

二手车鉴定评估报告(示范文本)

××××鉴定评估机构评报字(20　年)第××号

一、绪言

________(鉴定评估机构)接受________的委托,根据国家有关评估及《二手车流通管理办法》和《二手车鉴定评估技术规范》的规定,本着客观、独立、公正、科学的原则,按照公认的评估方法,对牌号为______的车辆进行了鉴定。本机构鉴定评估人员按照必要的程序,对委托鉴定评估的车辆进行了实地查勘与市场调查,并对其在______年____月____日所表现的市场价值做出了公允反映。现将该车辆鉴定评估结果报告如下。

二、委托方信息

委托方:________________　　委托方联系人:______________________

联系电话：__________ 车主姓名/名称：(填写机动车登记证书所示的名称)

三、鉴定评估基准日 ______年____月____日

四、鉴定评估车辆信息

厂牌型号：________________ 牌照号码：________________

发动机号：________________ 车辆 VIN 码：________________

车身颜色：______ 表征里程：________ 初次登记日期：__________

年审检验合格至：______年____月 交强险截止日期：______年____月

车船税截止日期：______年____月

是否查封、抵押车辆：□是 □否 车辆购置税(费)证：□有 □无

机动车登记证书： □有 □无 机动车行驶证： □有 □无

未接受处理的交通违法记录：□有 □无

使用性质：□公务用车 □家庭用车 □营运用车 □出租车 □其他：________

五、技术鉴定结果

技术状况缺陷描述：____

____

____

重要配置及参数信息：____

技术状况鉴定等级：______________ 等级描述：______________

六、价值评估

价值估算方法：□现行市价法□重置成本法□其他________________

价值估算结果：车辆鉴定评估价值为人民币________元，金额大写：________

七、特别事项说明[1]

八、鉴定评估报告法律效力

本鉴定评估结果可以作为作价参考依据。本项鉴定评估结论有效期为 90 天，自鉴定评估基准日至　　年　月　日止。

九、声明

(1) 本鉴定评估机构对该鉴定评估报告承担法律责任。

(2) 本报告所提供的车辆评估价值为评估基准日的价值。

(3) 该鉴定评估报告的使用权归委托方所有，其鉴定评估结论仅供委托方为本项目鉴定评估目的使用和送交二手车鉴定评估主管机关审查使用，不适用于其他目的，否则本鉴定评估机构不承担相应法律责任；因使用本报告不当而产生的任何后果与签署本报告书的鉴定评估人员无关。

(4) 本鉴定评估机构承诺，未经委托方许可，不将本报告的内容向他人提供或公开，否则本鉴定评估机构将承担相应法律责任。

附件：

一、二手车鉴定评估委托书

二、二手车技术状况鉴定作业表

三、车辆行驶证、机动车登记证书复印件

四、被鉴定评估二手车照片(要求外观清晰,车辆牌照能够辨认)

二手车鉴定评估师(签字、盖章)　　　　　　　　　　复核人[2](签字、盖章)

年　月　日　　　　　　　　　　　　　　　　(二手车鉴定评估机构盖章)

年　月　日

[1] 特别事项是指在已确定鉴定评估结果的前提下,鉴定评估人员认为需要说明在鉴定过程中已发现可能影响鉴定评估结论,但非鉴定评估人员执业水平和能力所能鉴定评定估算的有关事项以及其他问题。

[2] 复核人是指具有高级二手车鉴定评估师资格的人员。

备注:1. 本报告书和作业表一式三份,委托方两份,受托方一份。

2. 鉴定评估基准日即《二手车鉴定评估委托书》签订的日期。

模块 3 复习与思考计算题参考答案

计算题(1)答案：

① 根据题意，采用重置成本法评估该车价值。

② 该车已使用 3 年 11 个月，共 47 个月，规定使用年限 10 年，共 120 个月。

③ 综合调整系数 $\beta=0.75$。

④ 成新率 $\gamma=\left(1-\frac{47}{120}\right)\times75\%\times100\%=45.6\%$。

⑤ 重置成本 $R=163600-5000=158600$(元)。

⑥ 评估值 $P=158600\times45.6\%=72321.6$(元)。

计算题(2)答案：

① 根据题意，采用重置成本法评估该车价格。

② 该车已使用 5 年，共 60 个月，规定使用年限 15 年，共 180 个月。

③ 综合调整系数的计算。

该车技术状况有碰撞，调整系数取 0.5，权重 30%；该车维护保养一般，调整系数取 0.6，权重 25%；该车制造质量属国产名牌，调整系数取 0.9，权重 20%；该车工作性质为私用，调整系数取 0.9，权重 15%；该车工作条件较好，调整系数取 0.8，权重 10%。

综合调整系数 $\beta=0.5\times30\%+0.6\times25\%+0.9\times20\%+0.9\times15\%+0.8\times10\%=69.5\%$。

④ 成新率 $\gamma=\left(1-\frac{60}{180}\right)\times69.5\%\times100\%=46.3\%$。

⑤ 重置成本 $R=30$ 万元。

⑥ 评估值 $P=30\times46.3\%=13.89$(万元)。

计算题(3)答案：

① 根据题意，采用重置成本法评估该车的价值为 8.1 万元。

② 确定成新率。

规定使用年限 $G=15\times12=180$(个月)

已使用年限 $Y=7\times12+6=90$(个月)

$$\begin{aligned}\text{综合调整系数 } K &= K_1\times30\%+K_2\times25\%+K_3\times20\%+K_4\times15\%+K_5\times10\% \\ &=0.85\times30\%+0.95\times25\%+0.9\times20\%+1.0\times15\%+0.95\times10\% \\ &=0.9175\end{aligned}$$

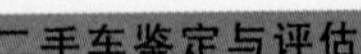

$$综合成新率\ C_Z=\left(1-\frac{Y}{Z}\right)\times K\times 100\%=\left(1-\frac{90}{180}\right)\times 0.9175\times 100\%$$
$$=45.875\%$$

③ 确定评估值。

$$评估值=重置成本\times综合成新率=8.1\times 45.875\%$$
$$=3.7158(万元)$$

作 业 单

作业单 3-1 二手车鉴定评估委托书

姓名：__________ 班级：__________ 日期：__________

委托书编号：________

委托方名称(姓名)： 法人代码证(身份证)号：

鉴定评估机构名称： 法人代码证：

委托方地址： 鉴定评估机构地址：

联系人： 电话：

因□交易 □典当 □拍卖 □置换 □抵押 □担保 □咨询 □司法裁决需要，委托人与受托人达成委托关系，号牌号码为__________________，车辆类型为__________________，车架号(VIN码)为__________________的车辆进行技术状况鉴定并出具评估报告书，________年____月____日前完成。

委托评估车辆基本信息如下。

<table>
<tr><td rowspan="7">车辆情况</td><td>厂牌型号</td><td colspan="2"></td><td>使用用途</td><td>营运 □
非营运 □</td></tr>
<tr><td>总质量/座位/排量</td><td colspan="2"></td><td>燃料种类</td><td></td></tr>
<tr><td>初次登记日期</td><td colspan="2">年 月 日</td><td>车身颜色</td><td></td></tr>
<tr><td>已使用年限</td><td>年 个月</td><td colspan="2">累计行驶里程(万公里)</td><td></td></tr>
<tr><td>大修次数</td><td>发动机(次)</td><td></td><td>整车(次)</td><td></td></tr>
<tr><td>维修情况</td><td colspan="4"></td></tr>
<tr><td>事故情况</td><td colspan="4"></td></tr>
<tr><td>价值反映</td><td>购置日期</td><td colspan="2">年 月 日</td><td>原始价格(元)</td><td></td></tr>
<tr><td colspan="6">备注：</td></tr>
</table>

委托方：(签字、盖章) 受托方：(签字、盖章)

(二手车鉴定评估机构盖章)

年 月 日 年 月 日

1. 委托方保证所提供的资料客观真实,并负法律责任。

2. 仅对车辆进行鉴定评估。

3. 评估依据:《机动车运行安全技术条件》、《二手车鉴定评估技术规范》等。

4. 评估结论仅对本次委托有效,不作它用。

5. 鉴定评估人员与有关当事人没有利害关系。

6. 委托方如对评估结论有异议,可于收到《二手车鉴定评估报告》之日起 10 日内向受托方提出,受托方应给予解释。

作业单 3-2　二手车检测作业单

姓名：__________　班级：__________　日期：__________

检测时间：　　　　　　评测师：

号牌号码		厂牌型号		客户姓名		客户性别	
初登时间		行驶里程		排放标准		车身颜色	
年检到期时间		交强险到期时间		商业险到期时间		过户次数	
有无购车发票		是否 4S 店保养		评估价格			
事故排除	排除重大撞击	1. 左 A 柱		2. 左 B 柱		3. 左 C 柱	
		4. 左前减震器悬挂		5. 左前纵梁		6. 左后减震器悬挂	
		7. 右 A 柱		8. 右 B 柱		9. 右 C 柱	
		10. 右前纵梁		11. 右前减震器悬挂		12. 右后减震器悬挂	
		13. 防火墙		14. 车身底板		15. 后备厢底板	
		16. 车身左右对称性					
	排除水泡车	1. 安全带根部		2. 座椅弹簧和内套绒布		3. 仪表台座内电线和接头	
		4. 水箱及水箱前板		5. 散热片及擎旁零件		6. 马达及电线插座	
	排除火烧车	1. 发动机线束及橡胶制品		2. 车辆覆盖件			
安全检测	被动安全	1. 被动安全		2. 安全气囊		3. 安全气帘	
		4. SRS		5. ABS			
	排除起火隐患	1. 油箱		2. 进油管		3. 回油管	
	指示灯检测	1. 左前大灯		2. 左前转向灯		3. 左前雾灯	
		4. 后雾灯		5. 左后转向灯		6. 左后刹车灯	
		7. 右前雾灯		8. 右前大灯		9. 右前转向灯	
		10. 高位刹车灯		11. 右后转向灯		12. 右后刹车灯	
		13. 倒车灯					
	刹车系统	项　目		左前	右前	左后	右后
		1. 刹车系统					
		2. 制动卡钳					
		3. 刹车油管					

续表

安全检测	轮胎	项　目		左前	右前	左后	右后
		1. 胎纹深度/mm					
		2. 胎压/Bar					
外观及内饰检测	外观	项　目			损伤	漆面修复	钣金修复
		1. 前保险杠					
		2. 左前翼子板					
		3. 左前车门					
		4. 左后车门					
		5. 左后翼子板					
		6. 后保险杠					
		7. 后盖					
		8. 右后翼子板					
		9. 右后车门					
		10. 右前车门					
		11. 右前翼子板					
		12. 机盖					
		13. 车顶					
		14. 全车玻璃					
	全车内饰	新		旧		一般	
驾车检测	动态检测	项　目	启动	起步	加速	匀速行驶	减速与制动
		1. 发动机					
		2. 变速箱					
		3. 传动系统					
		4. 制动系统					
		5. 转向系统					
	排查烧油、漏油、漏水	项　目		发动机	变速箱	转向机	制动系统
		1. 油液位及品质正常					
		2. 油封不泄露					
		3. 防冻液位及品质正常					
电控设备检测		1. 发动机		2. 电子防盗		3. 定速巡航系统	
		4. 变速箱		5. 中控锁		6. 中控大屏幕	
		7. 电动助力		8. 智能钥匙		9. 多媒体音箱	
		10. 电子驻车		11. 电控天窗		12. 前后空调	

备注：

续表

车辆主要技术缺陷描述	
总得分	
技术等级	

备注：

作业单 3-3　二手车估价计算

姓名：____________　班级：____________　日期：____________

<table>
<tr><td rowspan="7">车辆情况</td><td>厂牌型号</td><td colspan="2"></td><td>使用用途</td><td>营运 □
非营运 □</td></tr>
<tr><td>总质量/座位/排量</td><td colspan="2"></td><td>燃料种类</td><td></td></tr>
<tr><td>初次登记日期</td><td colspan="2">年　月　日</td><td>车身颜色</td><td></td></tr>
<tr><td>已使用年限</td><td>年　个月</td><td colspan="2">累计行驶里程(万千米)</td><td></td></tr>
<tr><td>大修次数</td><td>发动机(次)</td><td></td><td>整车(次)</td><td></td></tr>
<tr><td>维修情况</td><td colspan="4"></td></tr>
<tr><td>事故情况</td><td colspan="4"></td></tr>
<tr><td>价值反映</td><td>购置日期</td><td colspan="2">年　月　日</td><td>原始价格(元)</td><td></td></tr>
<tr><td colspan="6">技术状况：</td></tr>
<tr><td colspan="6">评估方法：</td></tr>
<tr><td colspan="6">调整系数：</td></tr>
<tr><td colspan="6">综合调整系数计算方法：</td></tr>
<tr><td colspan="6">综合调整系数：</td></tr>
<tr><td colspan="6">确定综合成新率方法：</td></tr>
<tr><td colspan="6">综合成新率计算方法：</td></tr>
<tr><td colspan="6">综合成新率：</td></tr>
<tr><td colspan="6">重置成本：</td></tr>
<tr><td colspan="6">评估值：</td></tr>
</table>

作业单 3-4　二手车评估单

姓名：__________　班级：__________　日期：__________

鉴定评估日：　　年　月　日

厂牌型号			行驶里程	仪表	km
牌照号码				推定	km
VIN 码			车身颜色		
发动机号			车主姓名/名称		
法人代码/身份证号码		首次登记日期	使用性质		
		年　月　日			
年检证明	□有（至____年____月）□无		车船税证明	□有（至____年____月）□无	
交强险	□有（至____年____月）□无		购置税证书	□有 □无	
其他法定凭证、证明	□号牌 □行驶证 □登记证书 □保险单 □其他				
是否为事故车	□有 □无	损伤位置及损失情况			
车辆主要技术缺陷描述					
总得分					
技术等级					
估价方法					
参考价值					
评估师（签章）					
评估师证号					
审核人（签章）					

二手车鉴定评估结论

评估单位名称（盖章）

参考文献

[1] 卢伟，韩平. 二手车鉴定与评估[M]. 北京：北京大学出版社，2012.

[2] 中国汽车流通协会. GB/T 30323—2013《二手车鉴定评估技术规范》实施指南[S]. 北京：中国标准出版社，2014.

[3] 艾瑞咨询. 中国二手车电子商务行业研究报告[EB/OL]. [2015-06-14]. http://www.techxue.com/techxue-11281-1.html.